DIBUJO Y PINTO

CACHORROS DE ANIMALES

T. BEAUDENON

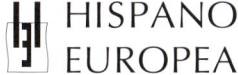

HISPANO
EUROPEA

Título de la edición original:
Je dessine des Bébés animaux

El autor reivindica el derecho moral de ser iden-
tificado como autor de esta obra.
Ilustraciones originales de Thierry Beaudenon

Es propiedad, 2011:
© Éditions Vigot, Paris

© de la edición en castellano, 2012:
Editorial Hispano Europea, S. A.
Primer de Maig, 21 - Pol. Ind. Gran Via Sud
08908 L'Hospitalet - Barcelona, España
E-mail: hispanoeuropea@hispanoeuropea.com

© de la traducción: Pilar Guerrero

Depósito Legal: B. 16.766-2012

ISBN: 978-84-255-2044-0

Consulte nuestra web:
www.hispanoeuropea.com

IMPRESO EN ESPAÑA   PRINTED IN SPAIN

T. G. SOLER, S. A. - Enric Morera, 15 - 08950 Esplugues de Llobregat (Barcelona)

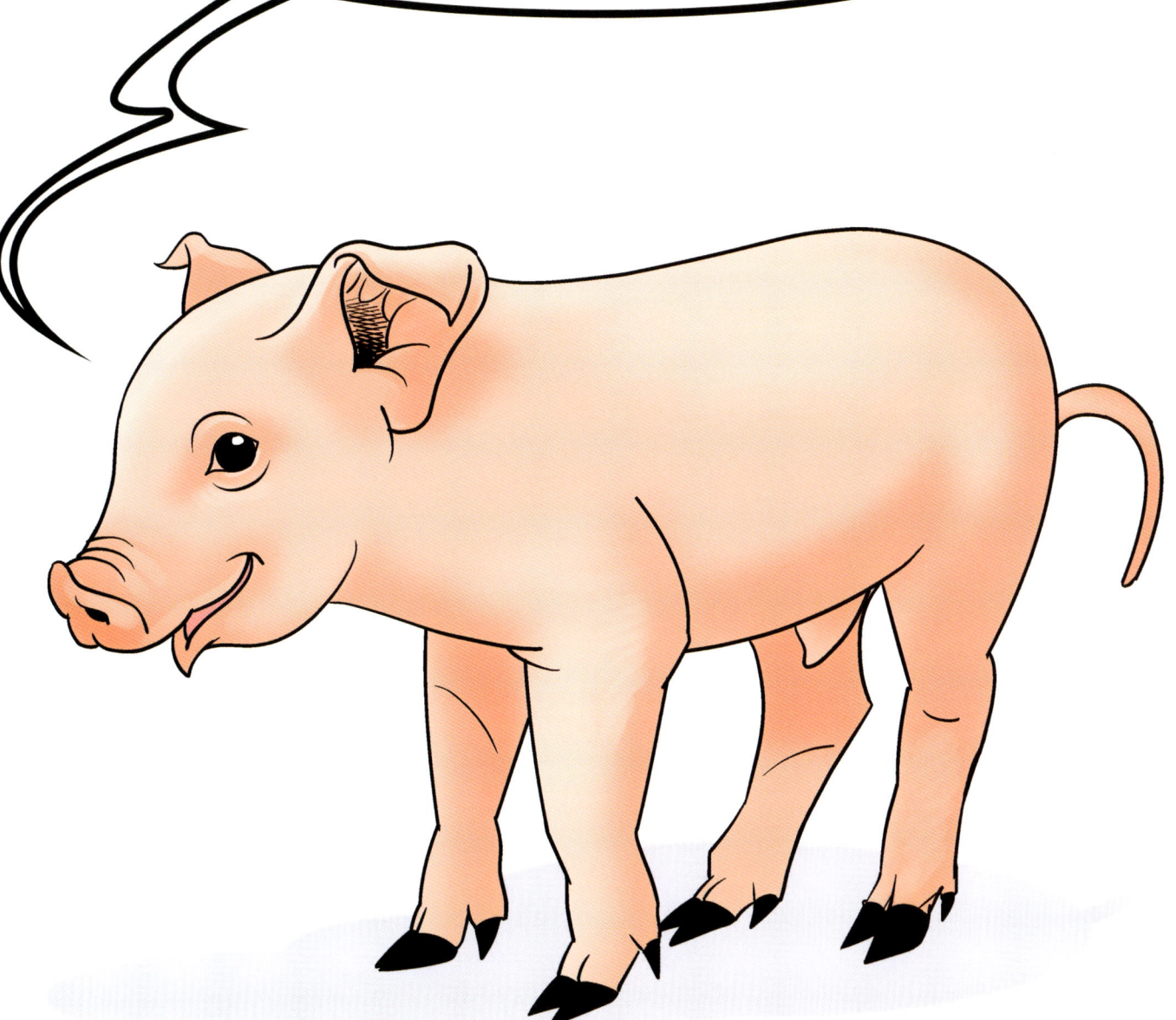

MÉTODO COMENTADO

1.- SE EMPIEZA DIBUJANDO UNA FORMA OVAL PARA EL CUERPO PRINCIPAL, Y LUEGO UN CÍRCULO PEQUEÑO PARA LA CABEZA.

2.- COLOCA LOS OJOS Y LAS OREJAS

3.- DESPUÉS DIBUJA LAS PATAS

4.- AÑADE LA NARIZ Y LA BOCA, CONTINUANDO CON LAS PATAS.

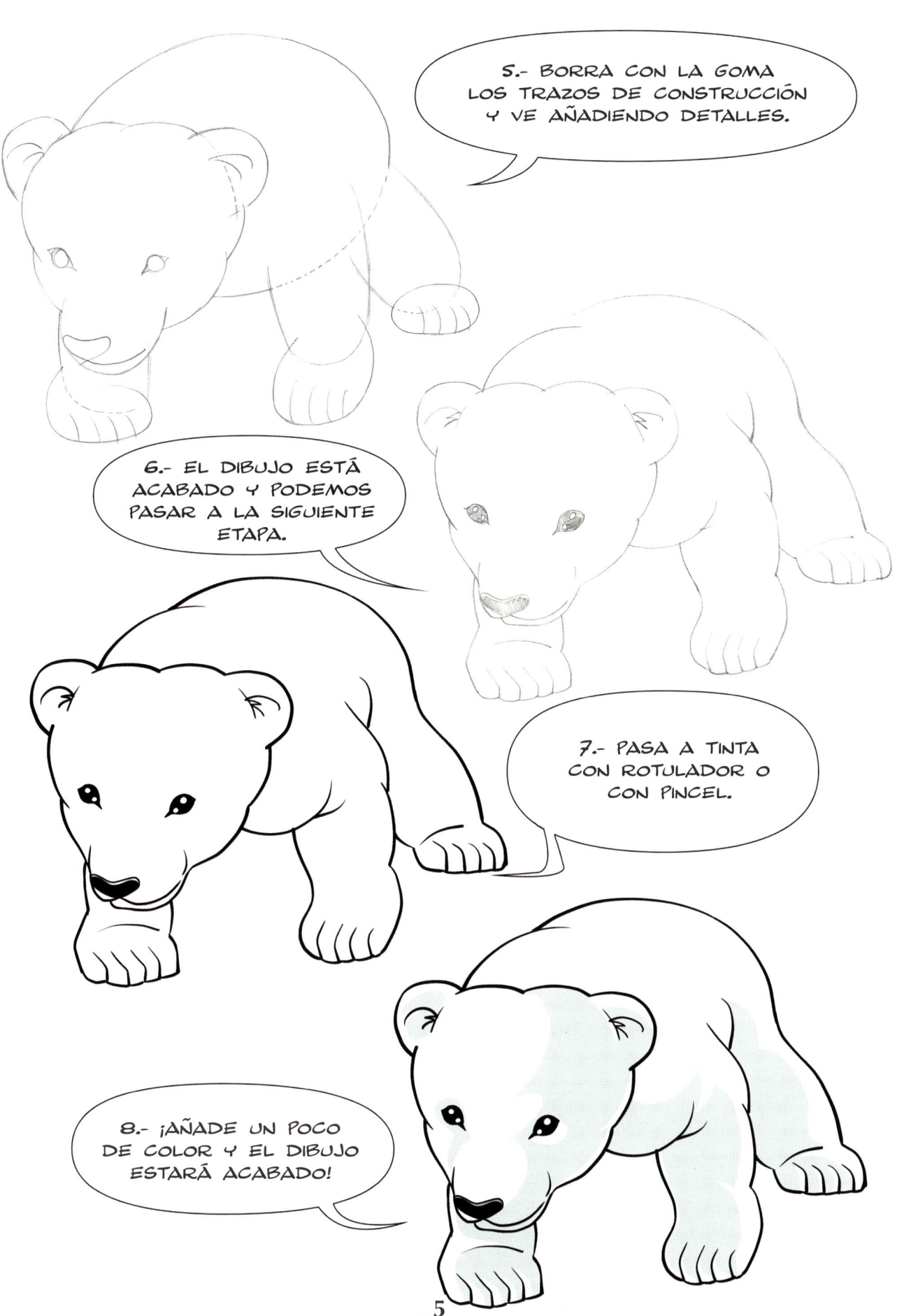

5.- BORRA CON LA GOMA LOS TRAZOS DE CONSTRUCCIÓN Y VE AÑADIENDO DETALLES.

6.- EL DIBUJO ESTÁ ACABADO Y PODEMOS PASAR A LA SIGUIENTE ETAPA.

7.- PASA A TINTA CON ROTULADOR O CON PINCEL.

8.- ¡AÑADE UN POCO DE COLOR Y EL DIBUJO ESTARÁ ACABADO!

GATITO

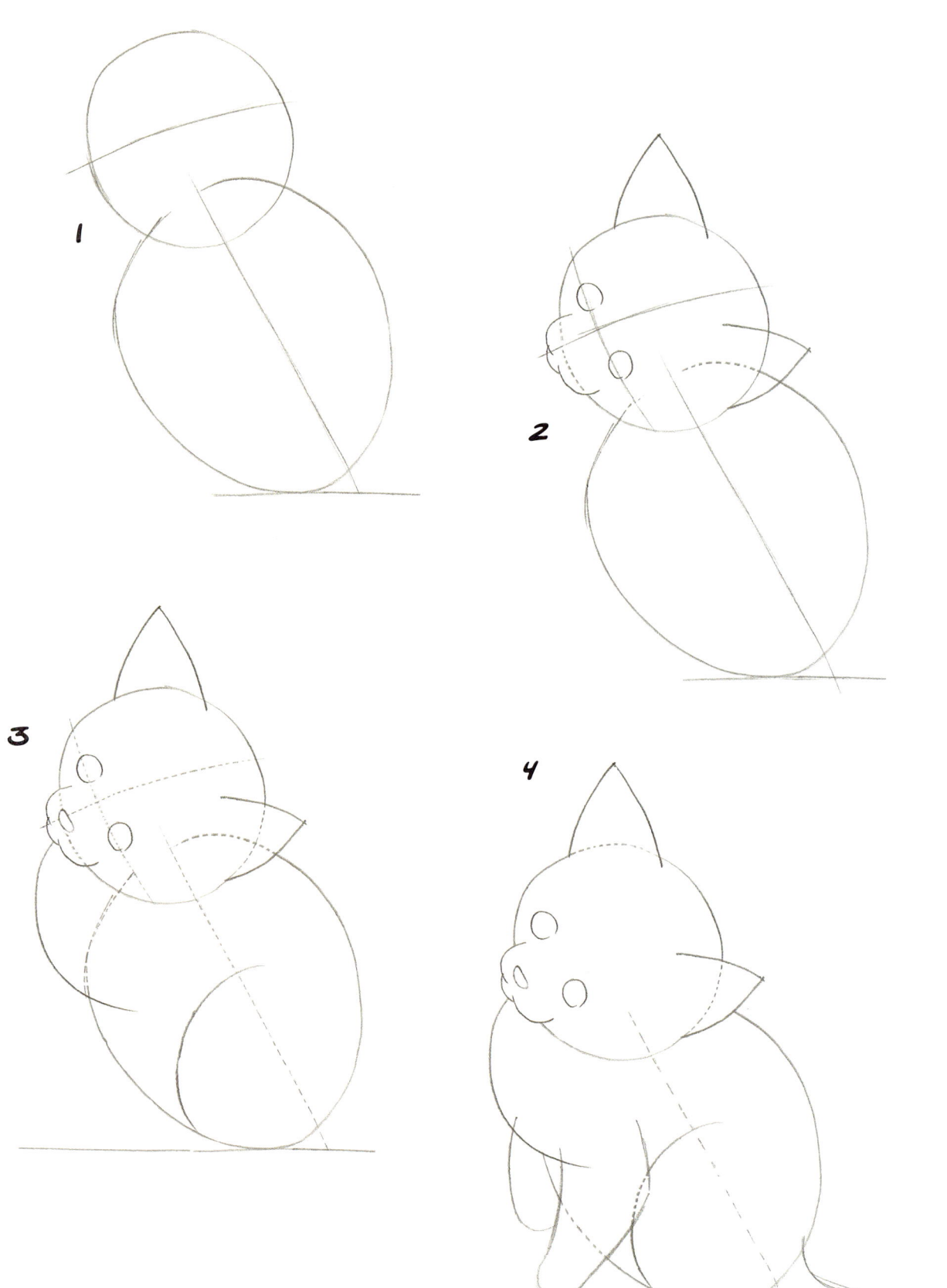

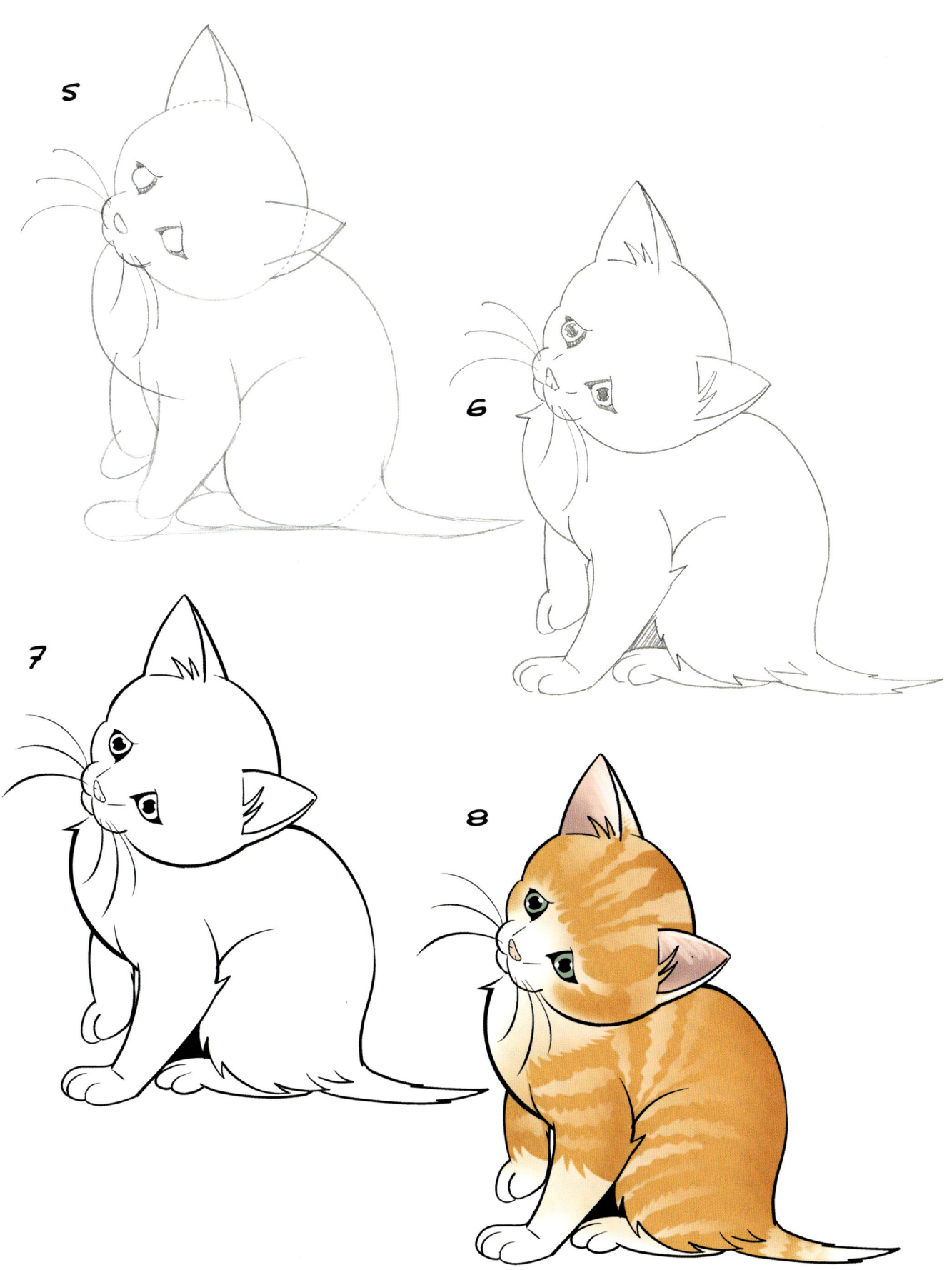

PERRITO

1

2

3

4

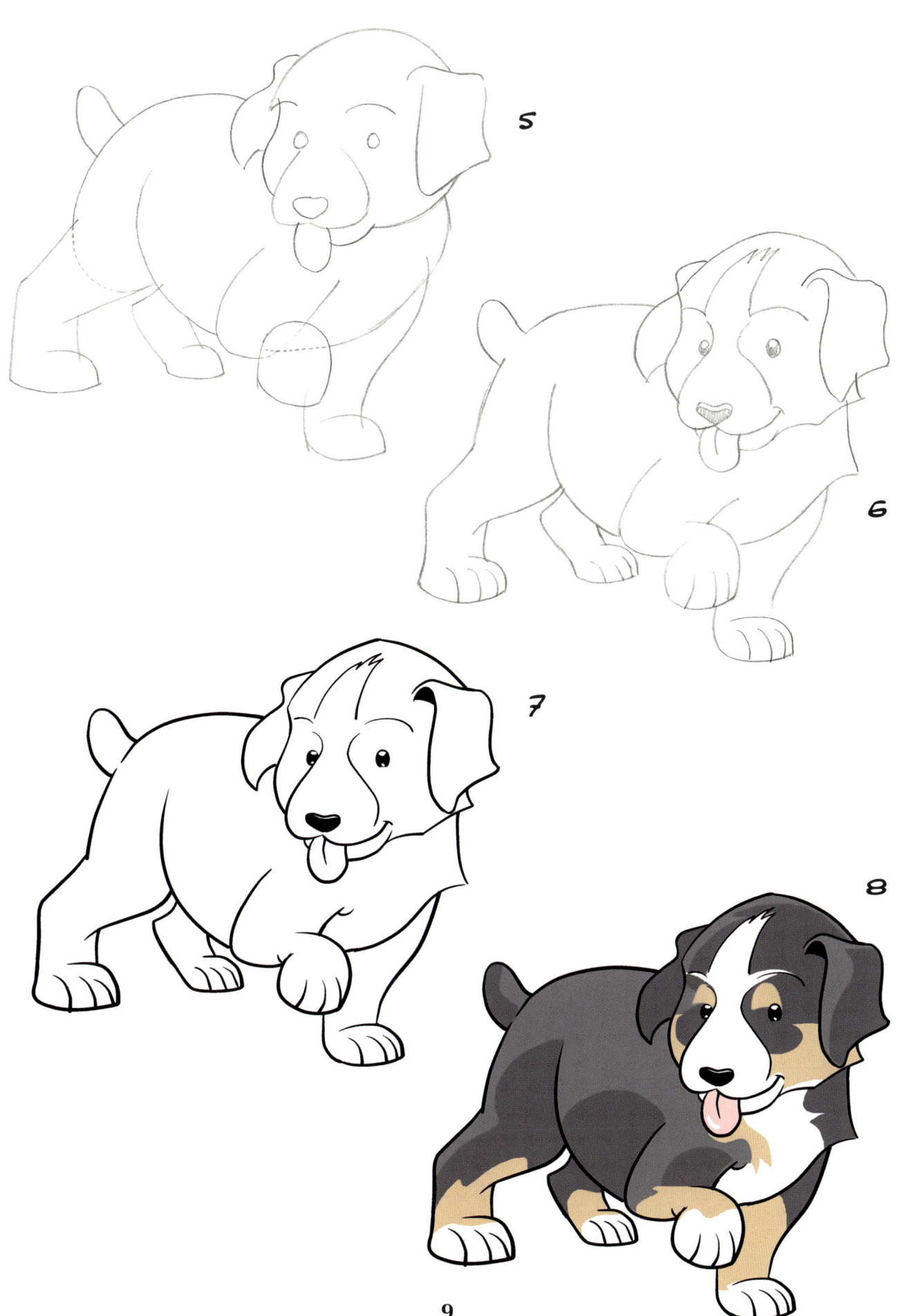

5

6

7

8

9

OTRO GATITO

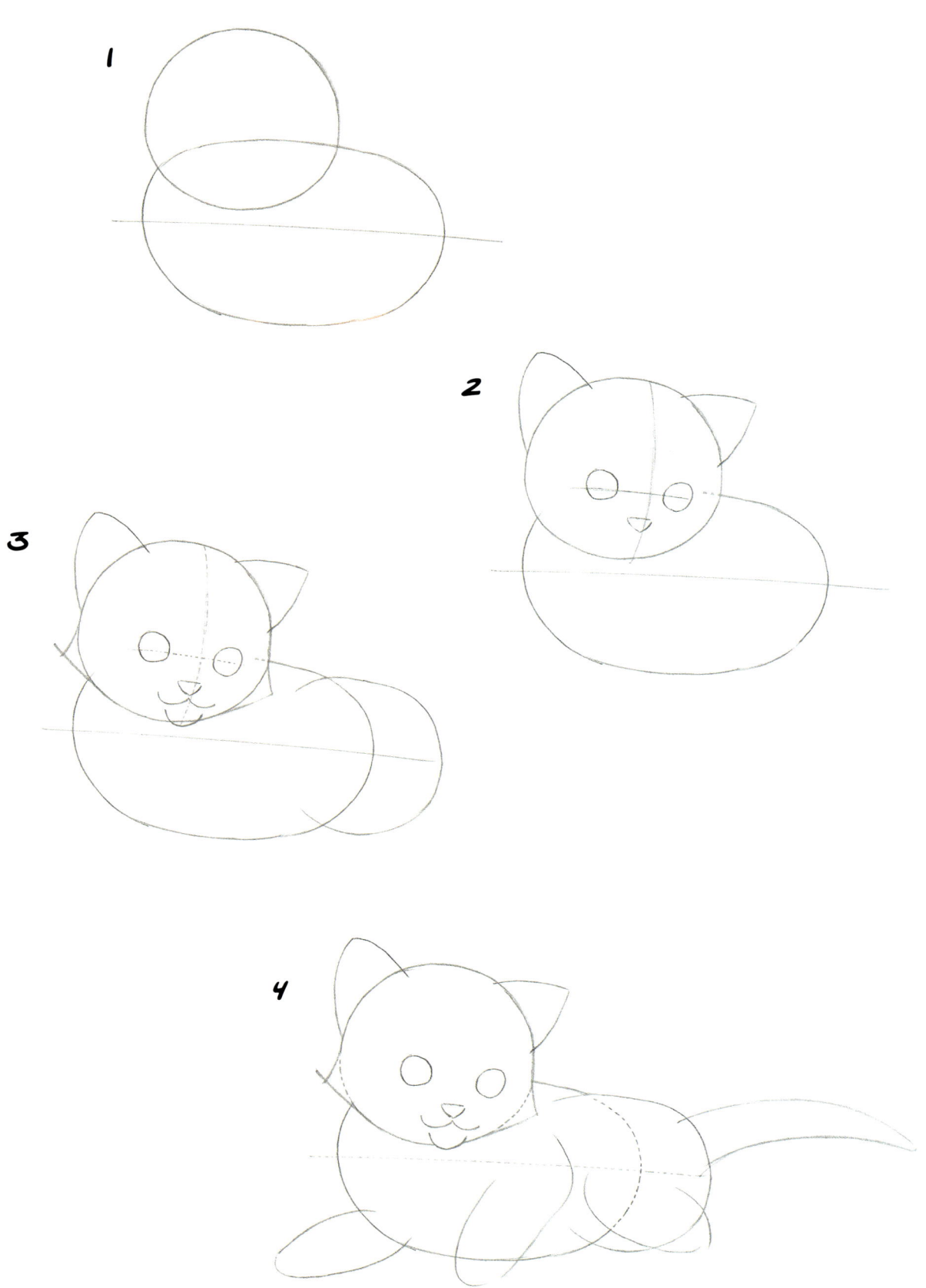

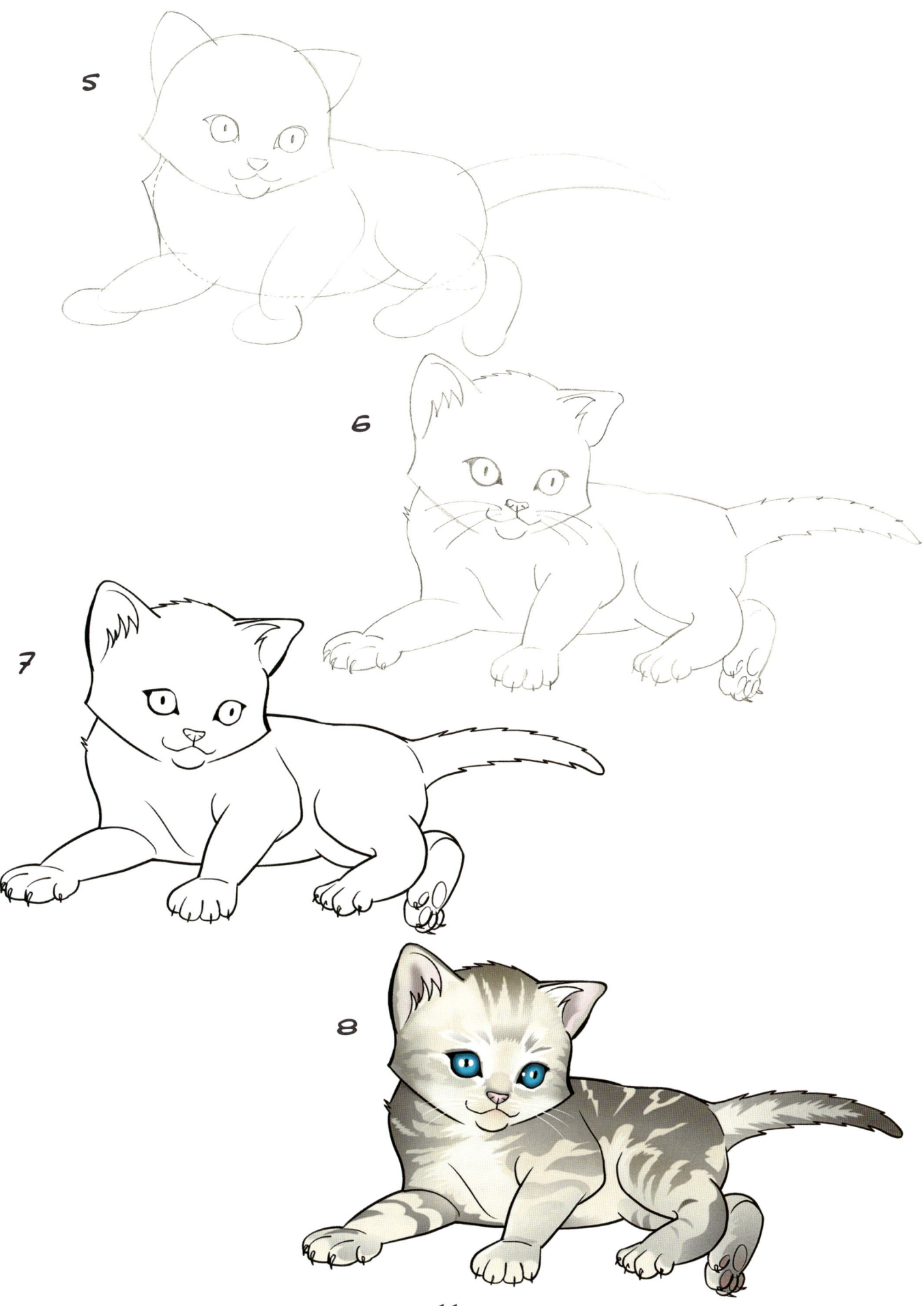

5

6

7

8

11

OTRO PERRITO

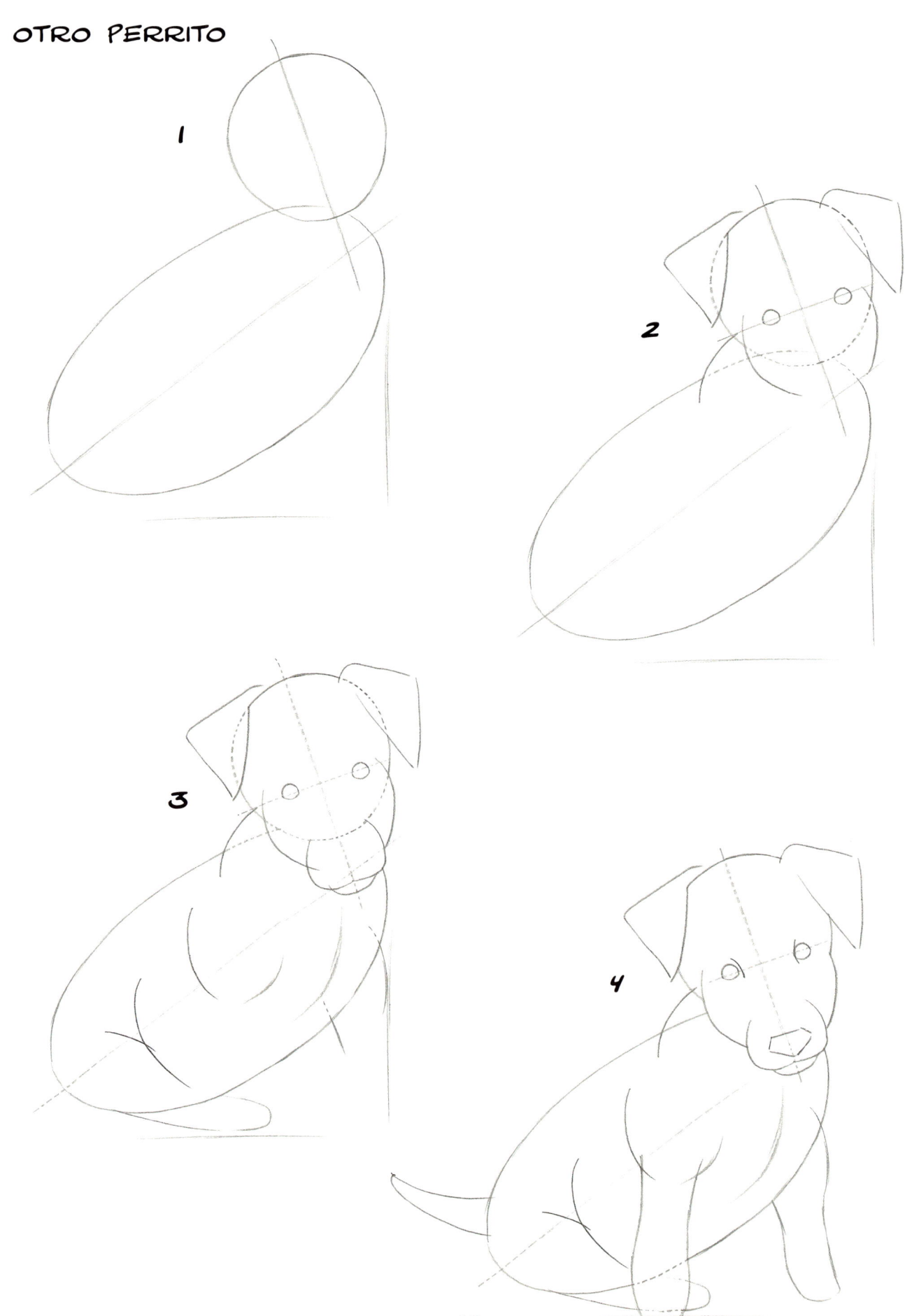

1

2

3

4

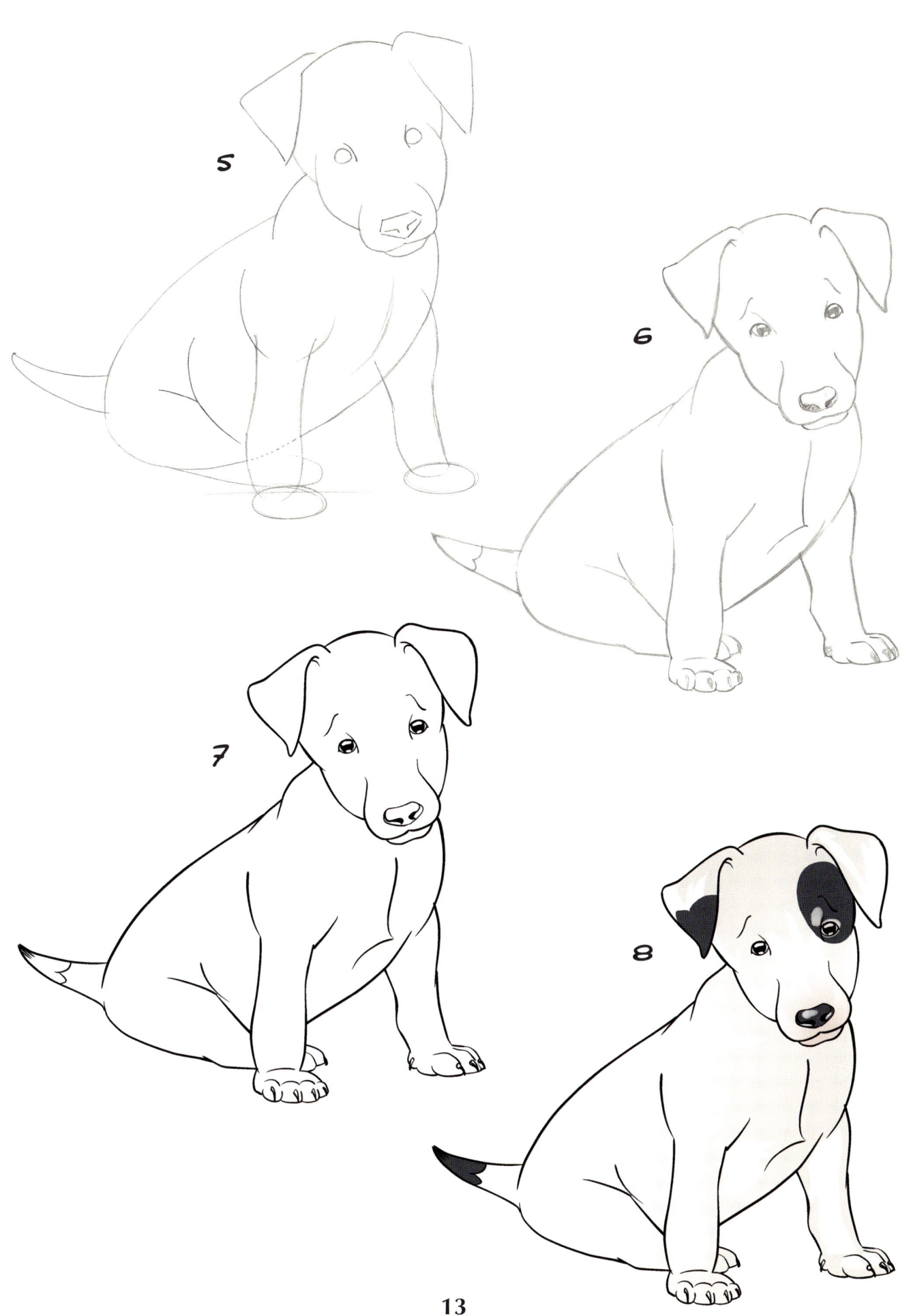

5

6

7

8

13

CONEJO

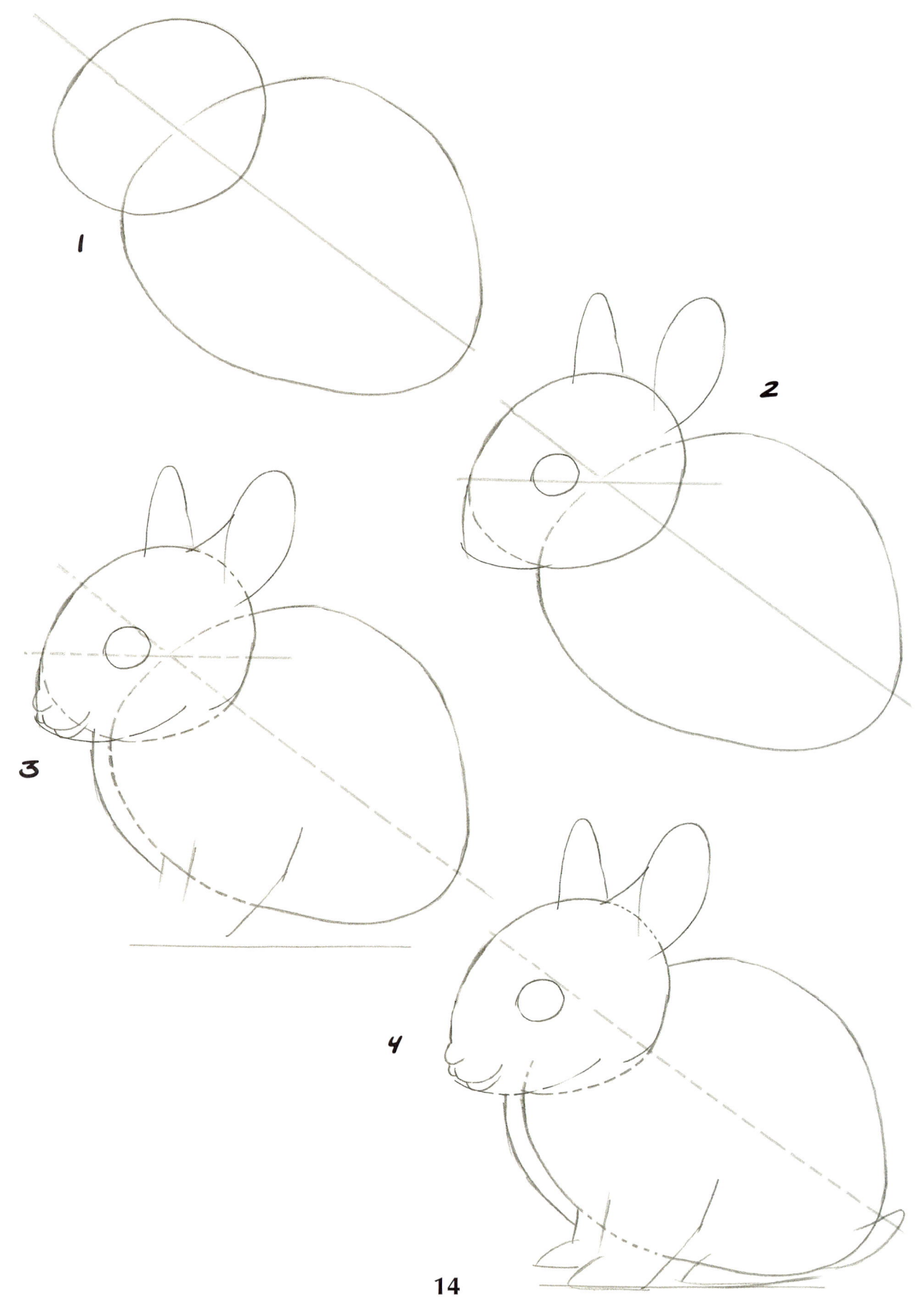

1

2

3

4

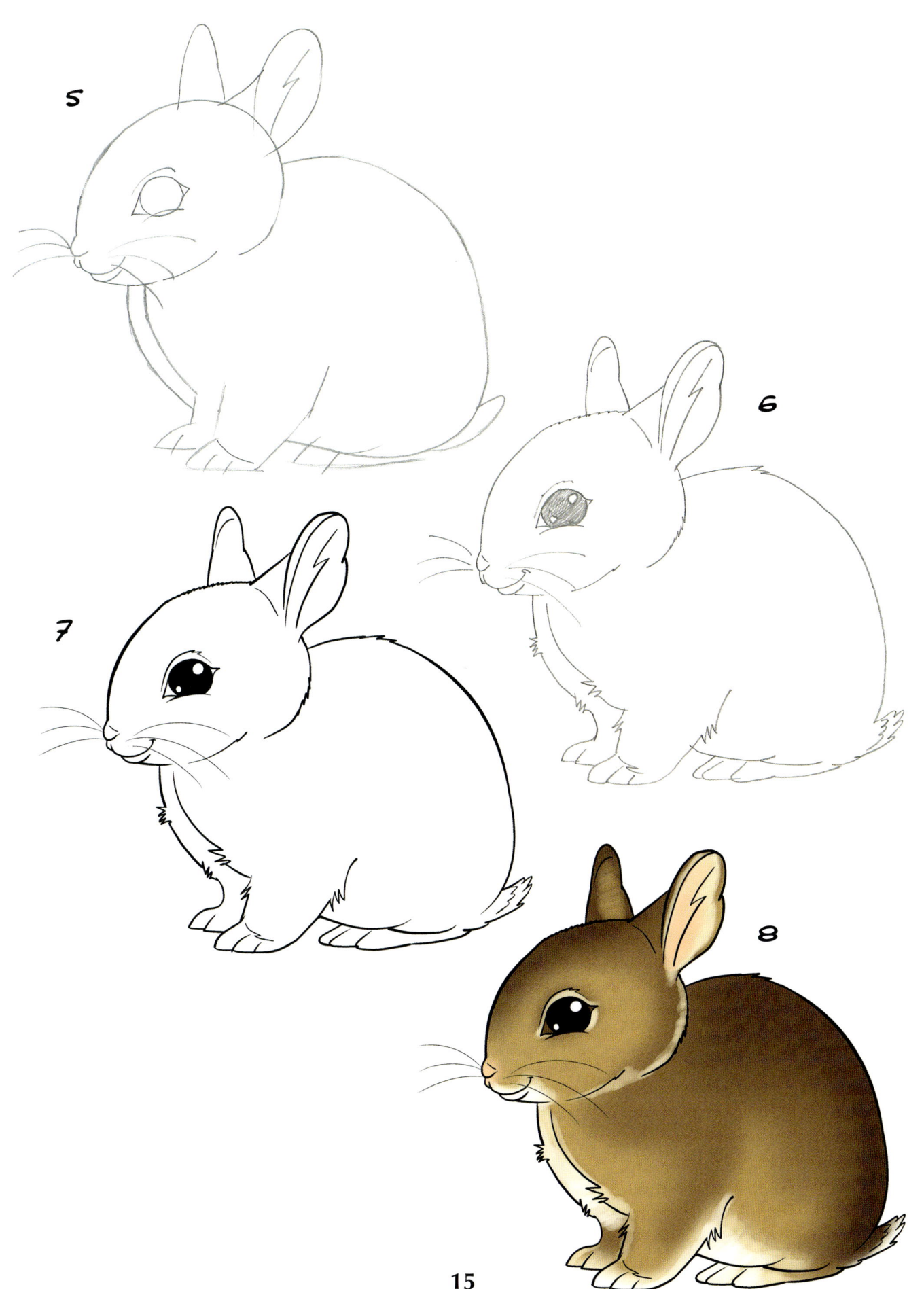

5

6

7

8

15

POLLITO

1

2

3

4

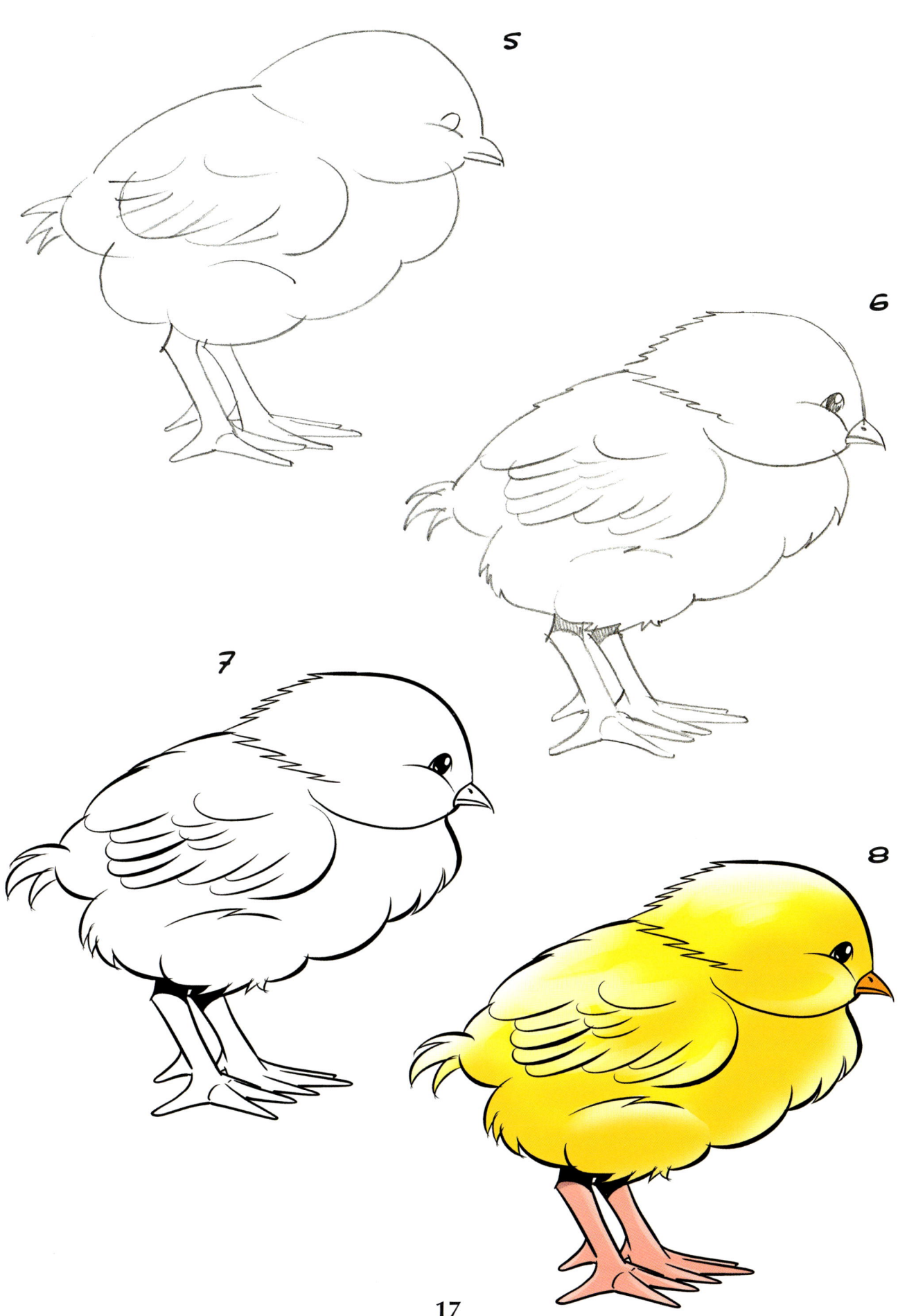

5

6

7

8

BEBÉ ARDILLA

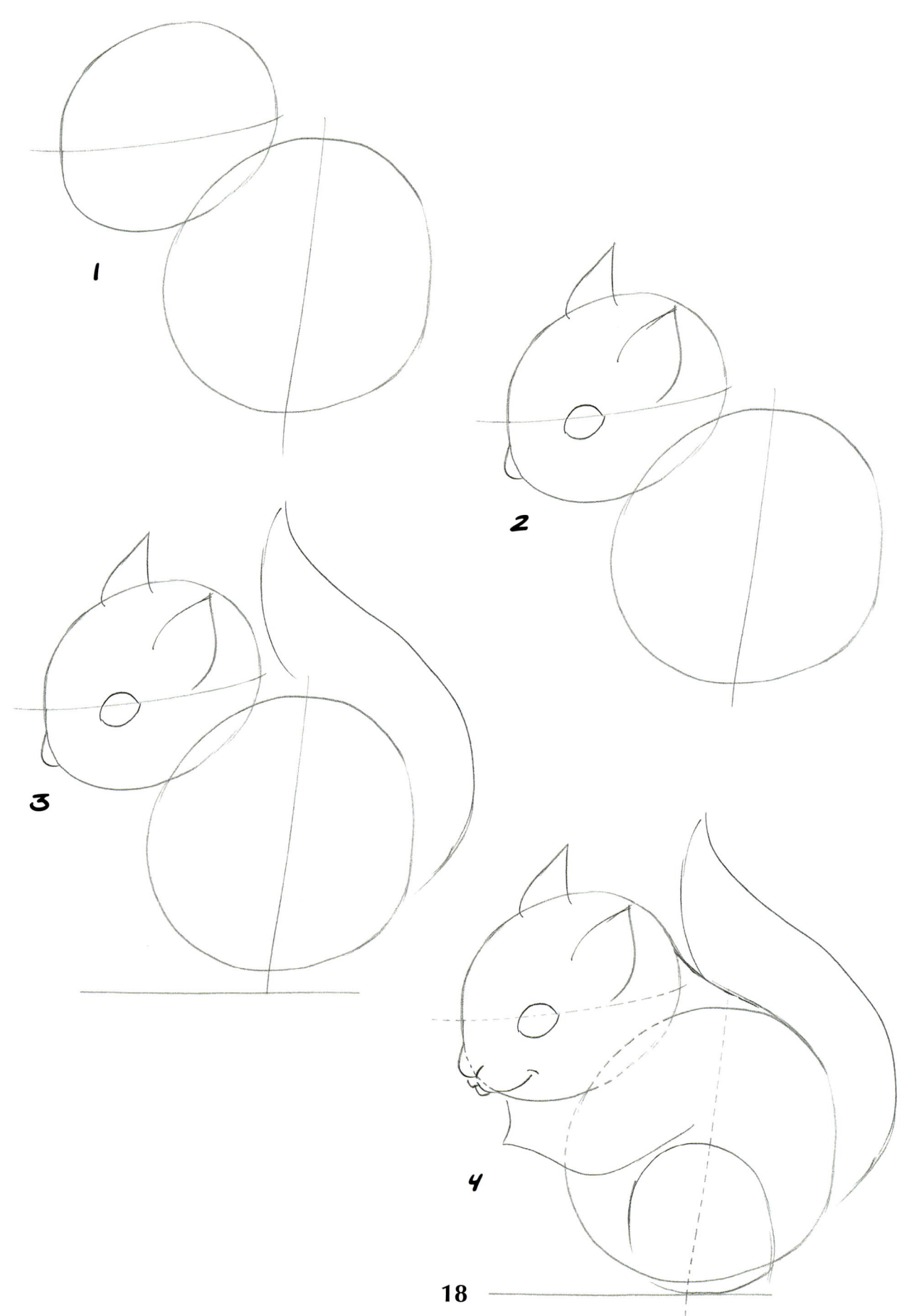

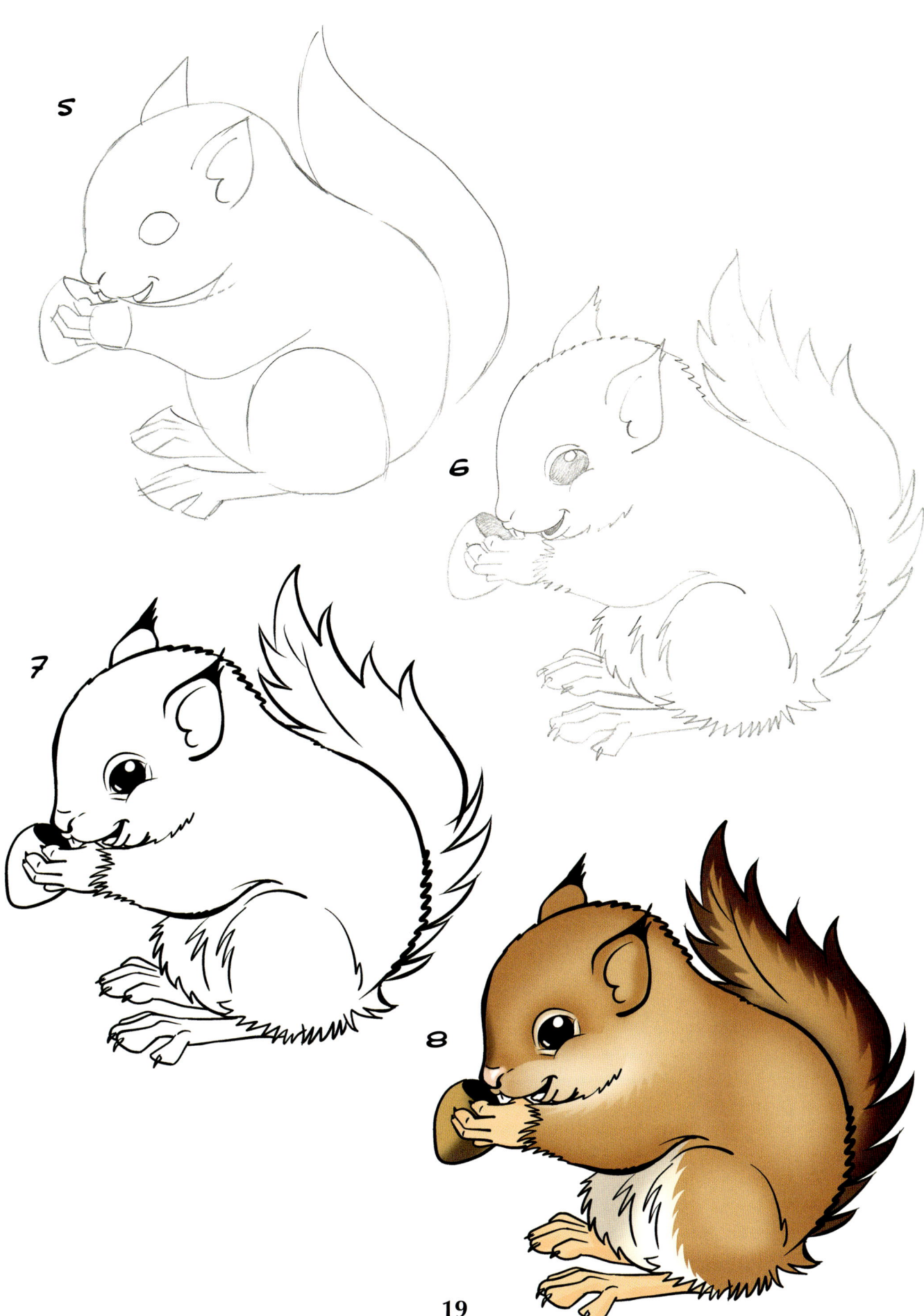

5

6

7

8

19

CERVATILLO

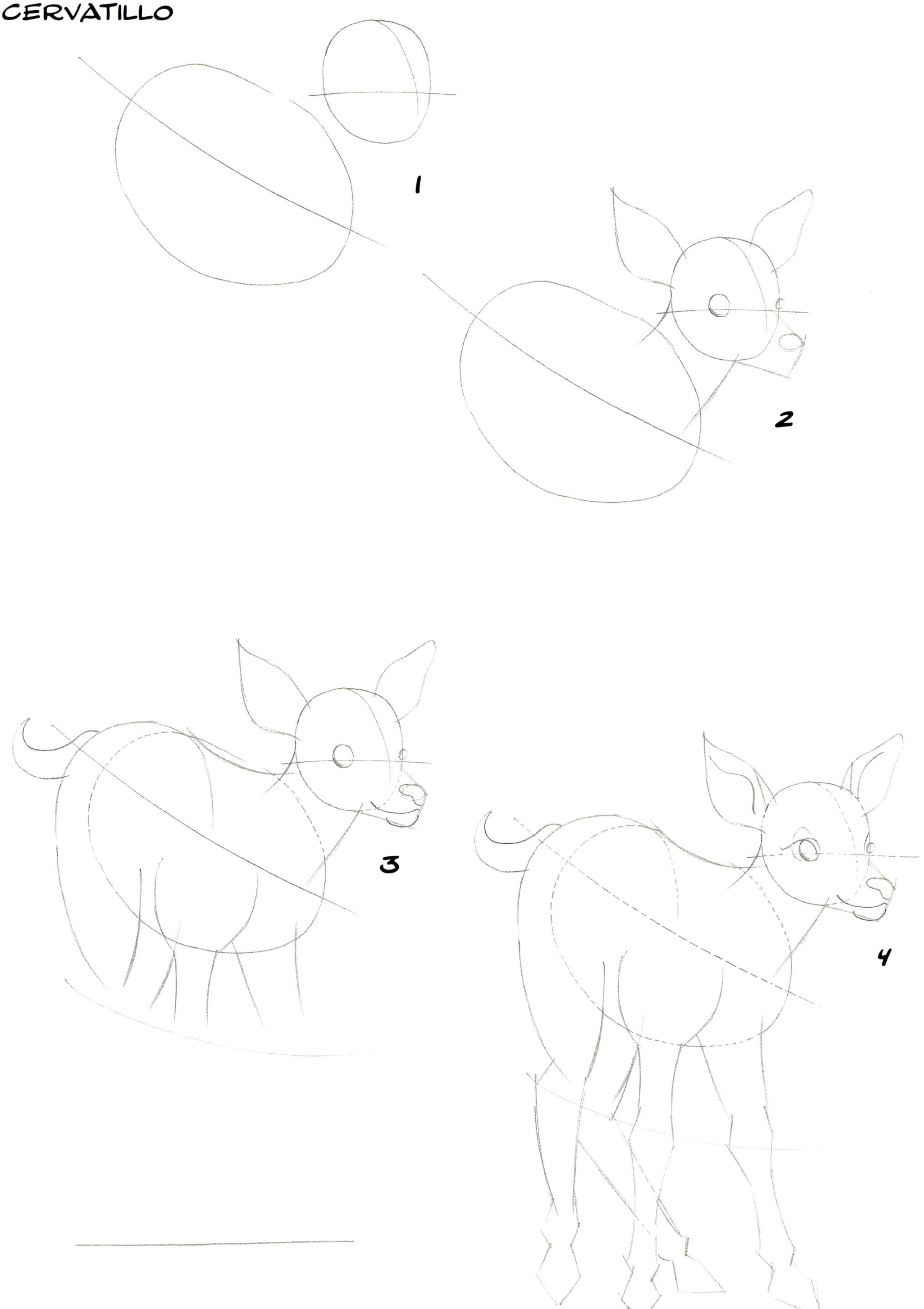

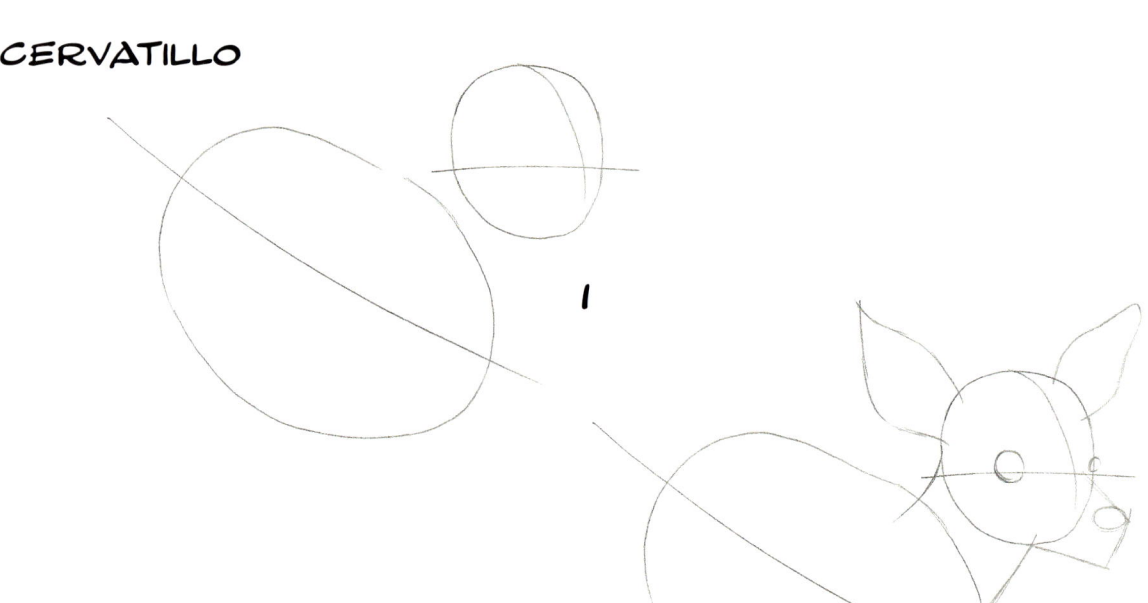

1

2

3

4

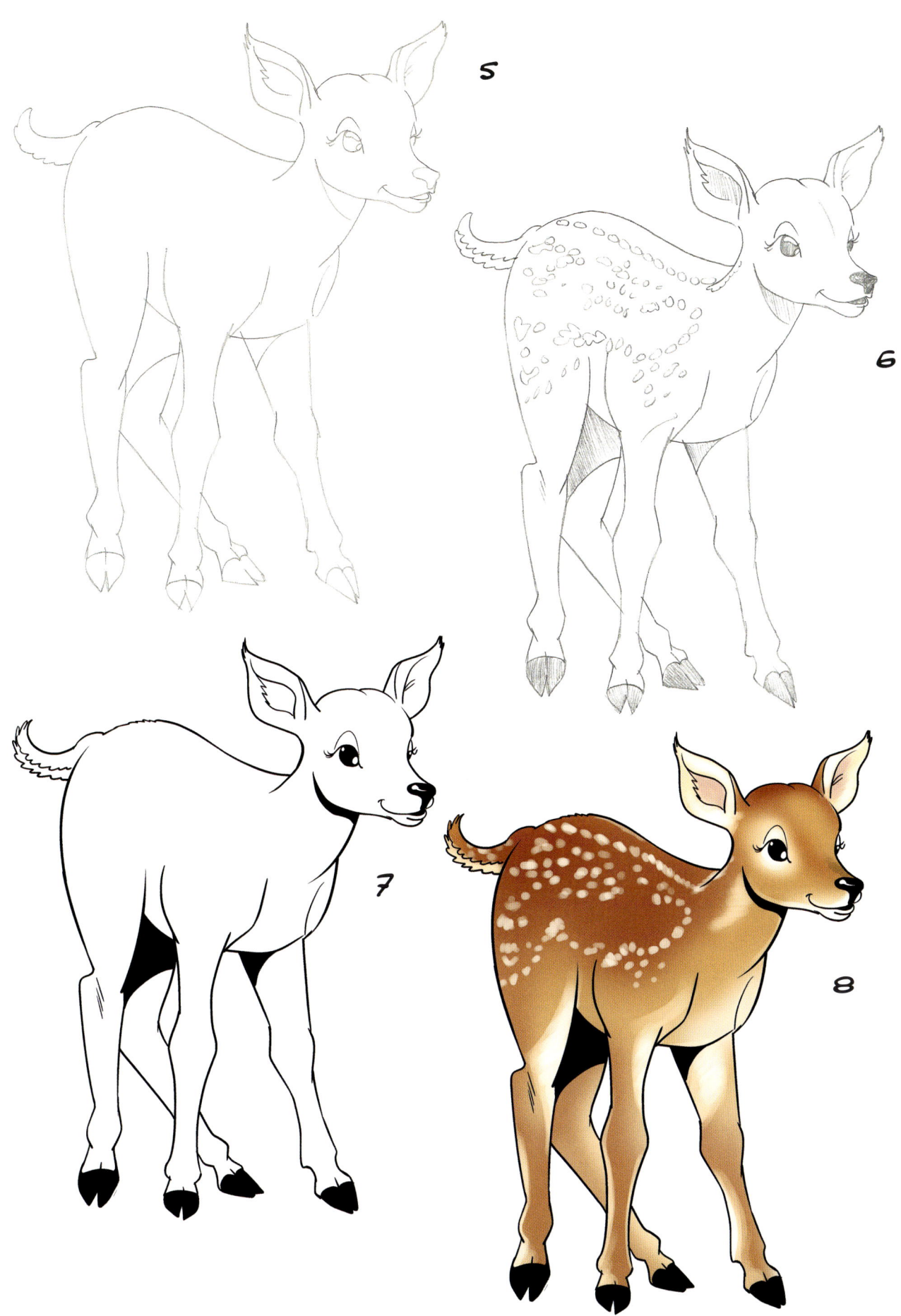

5

6

7

8

BORREGUITO

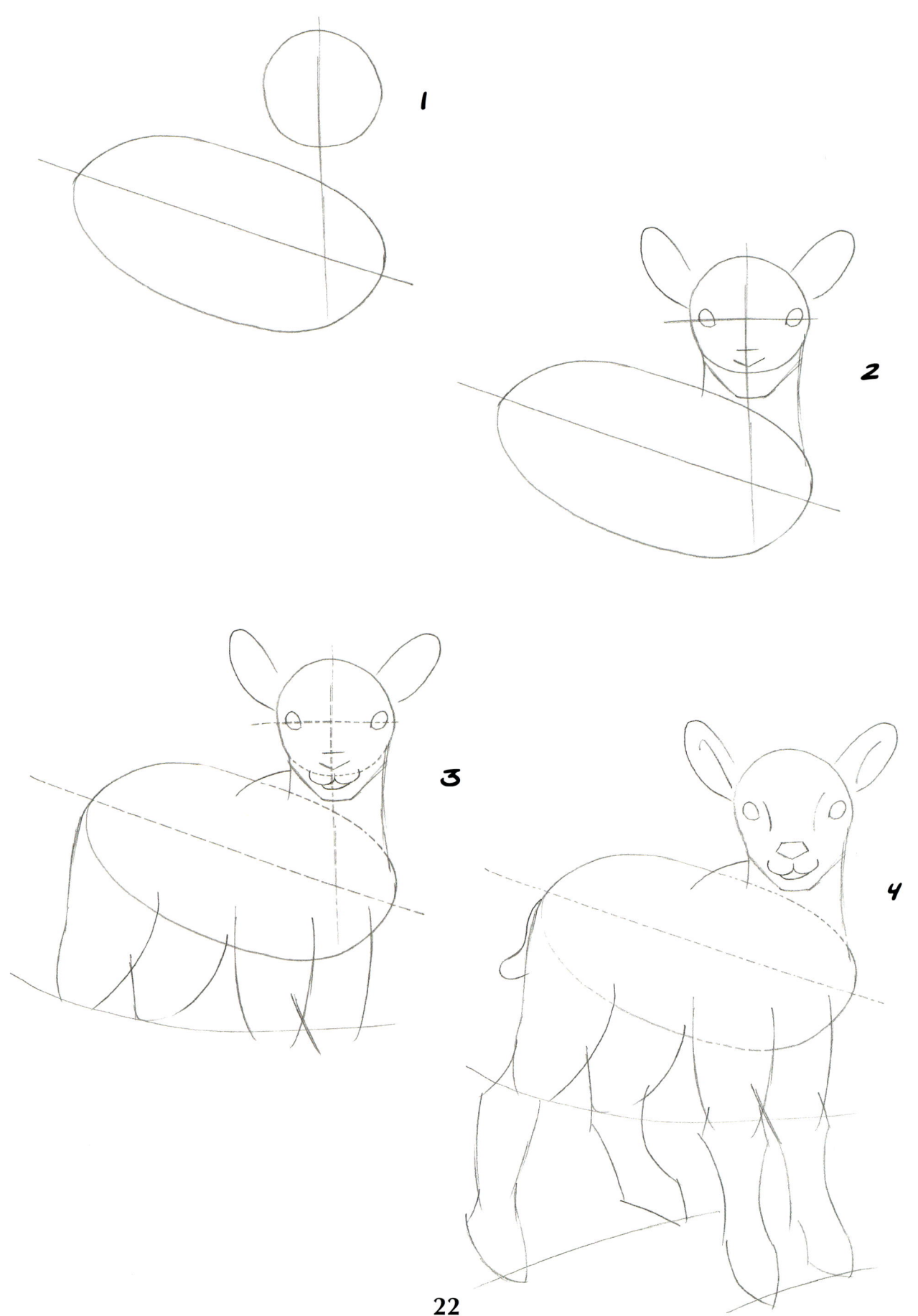

1

2

3

4

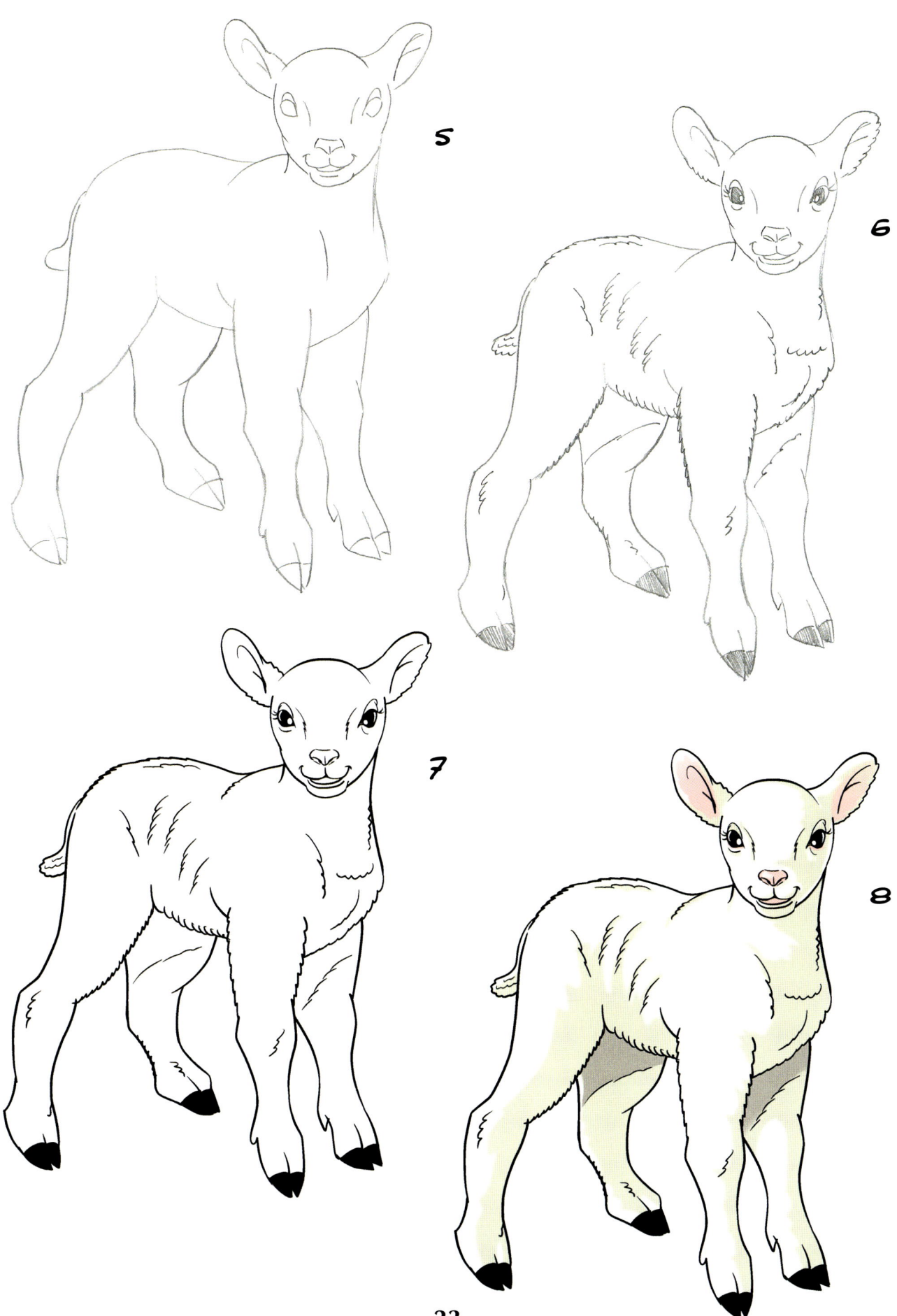

5

6

7

8

23

OSEZNO

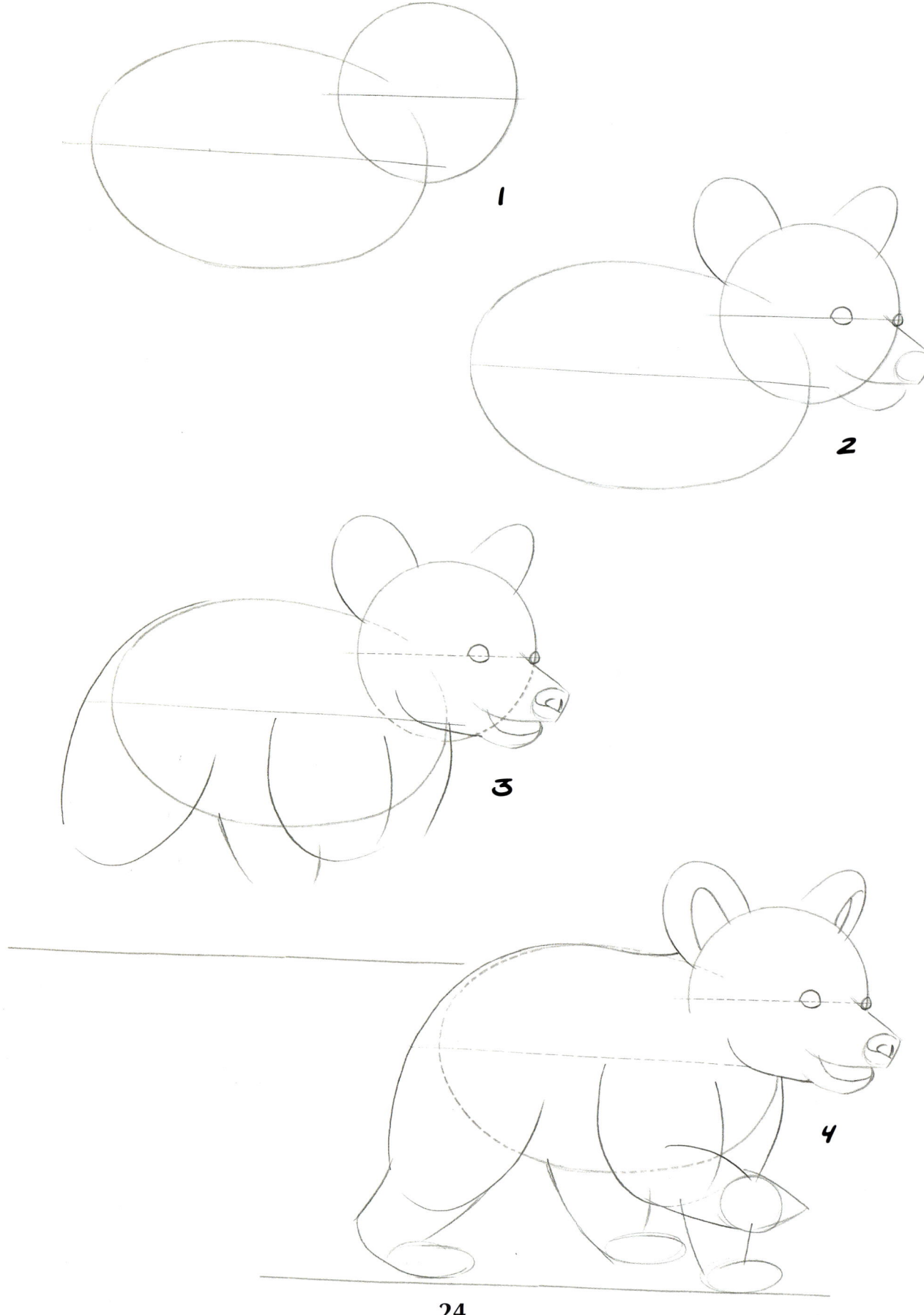

1

2

3

4

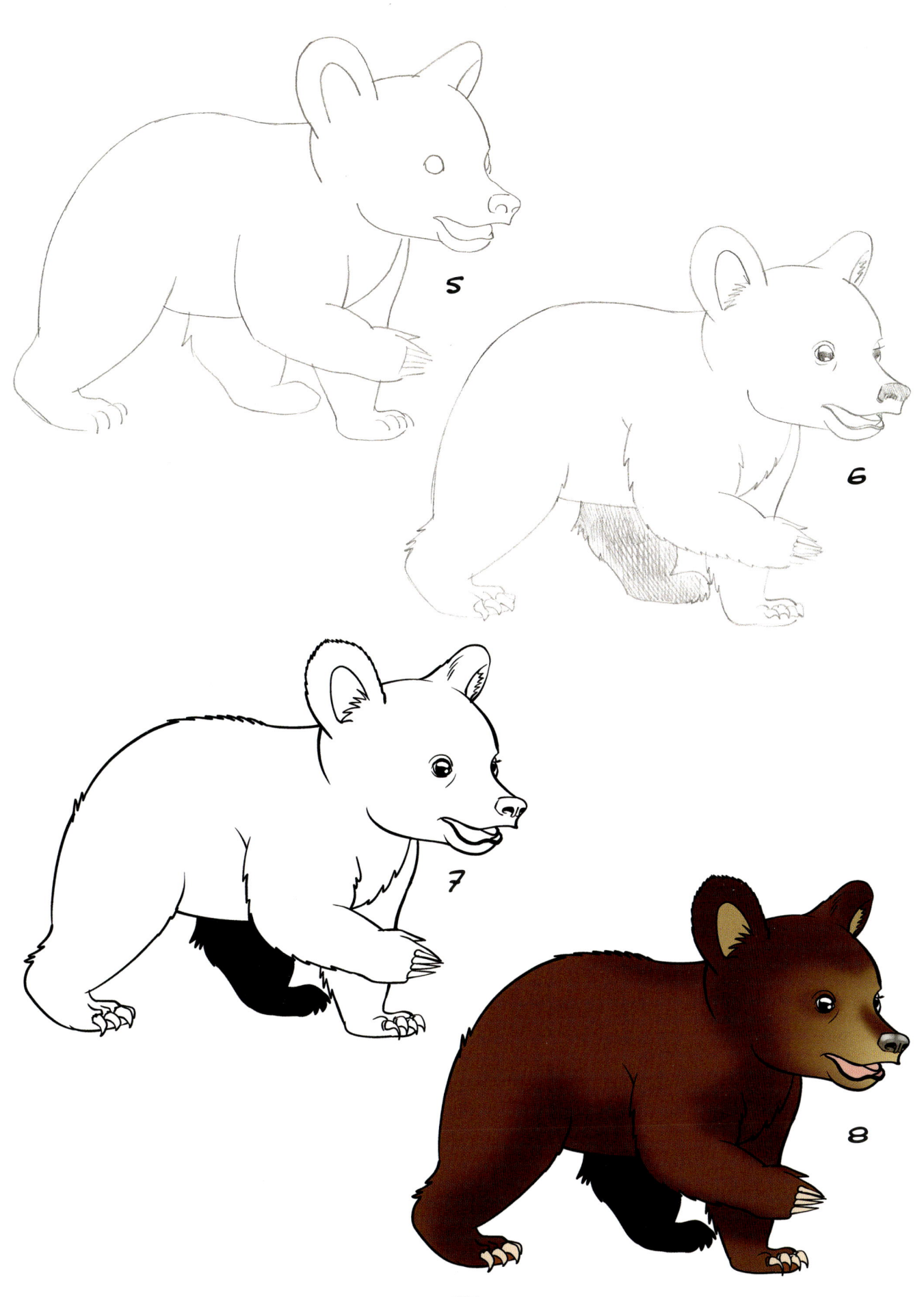

BEBÉ MAPACHE

1

2

3

4

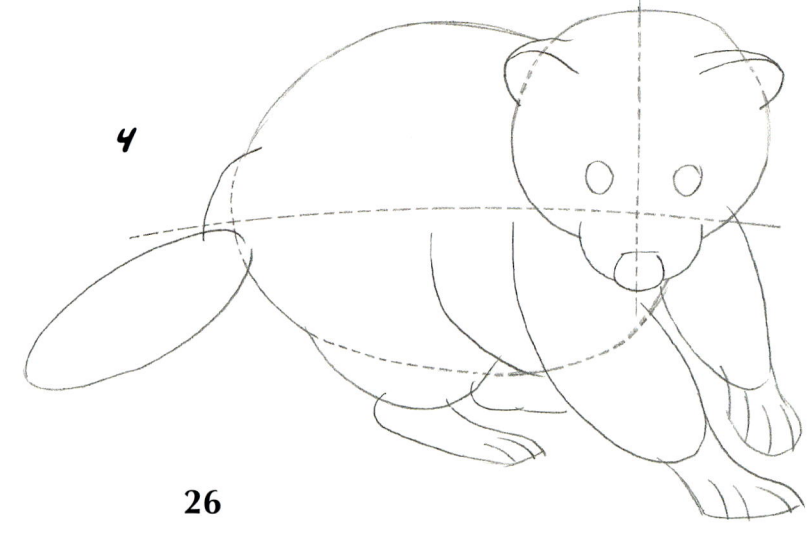

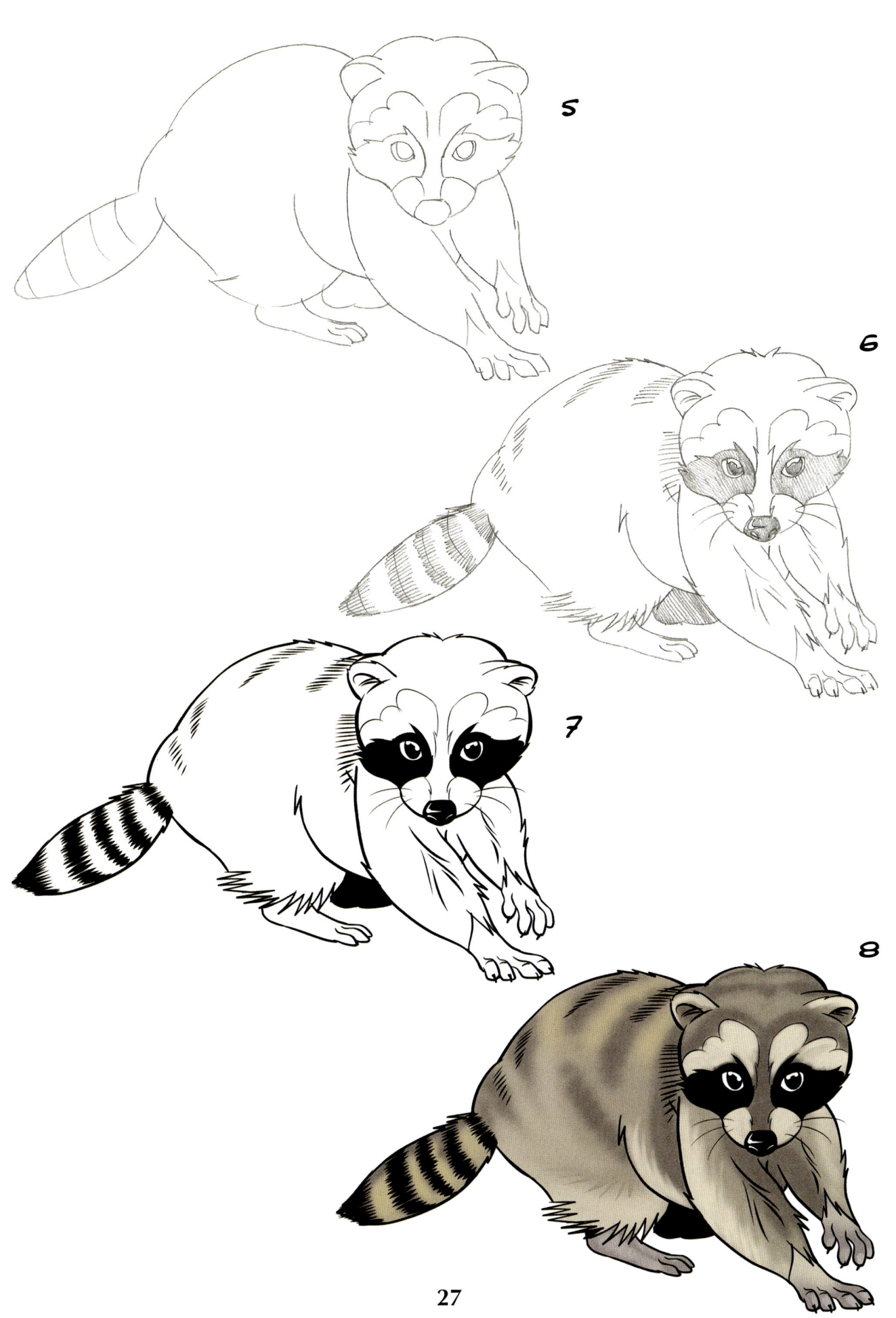

5

6

7

8

ELEFANTITO

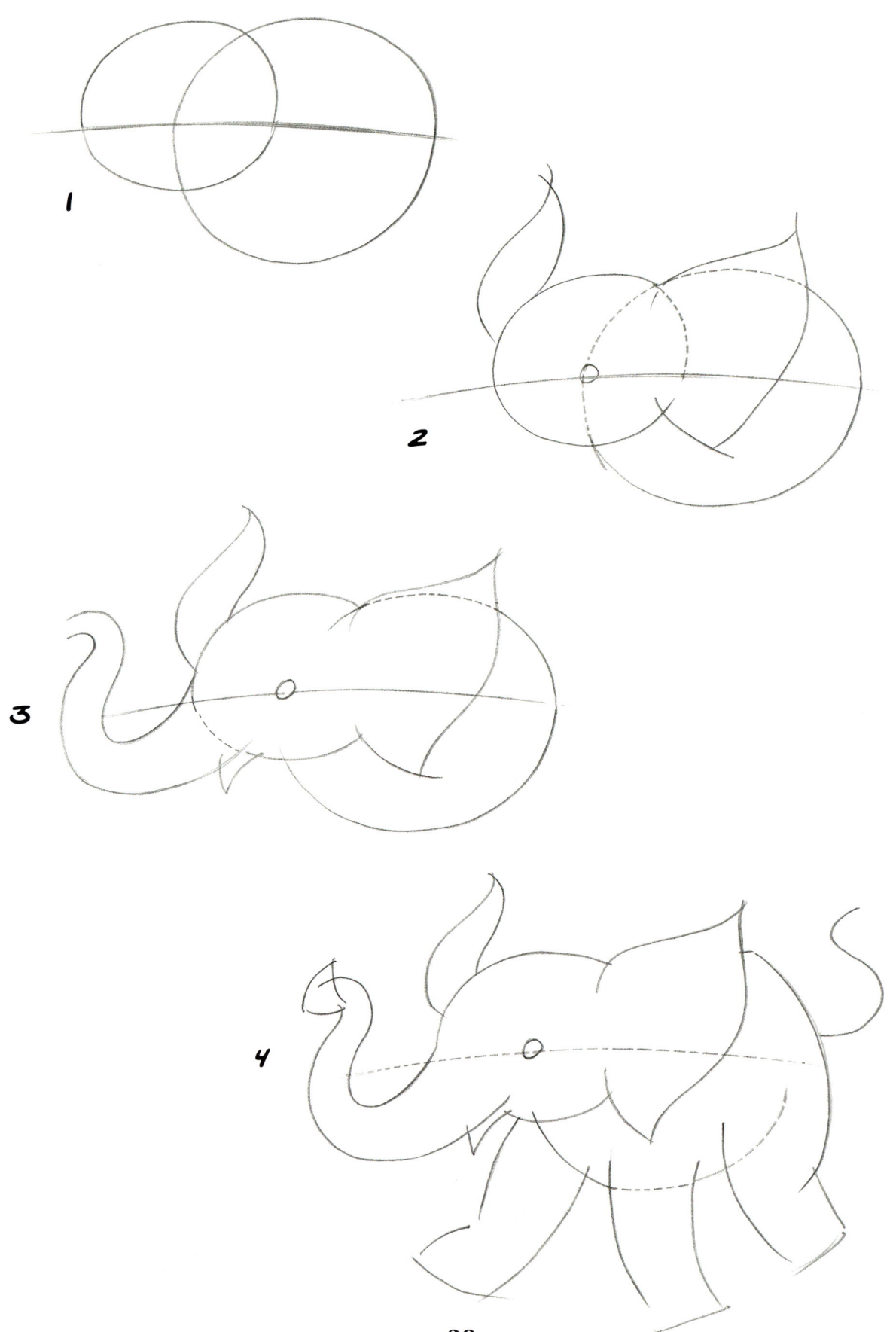

1

2

3

4

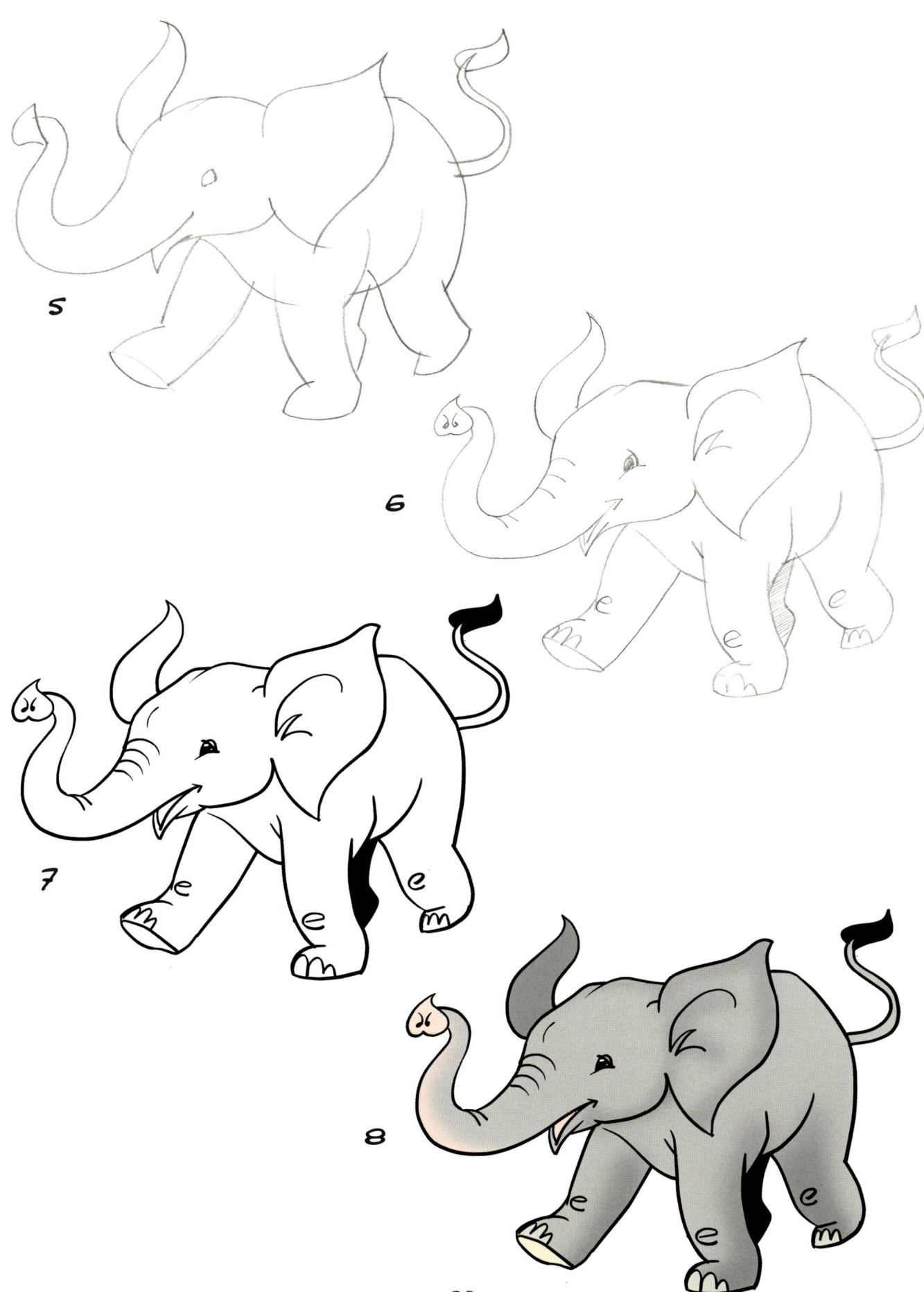

5

6

7

8

BEBÉ KOALA

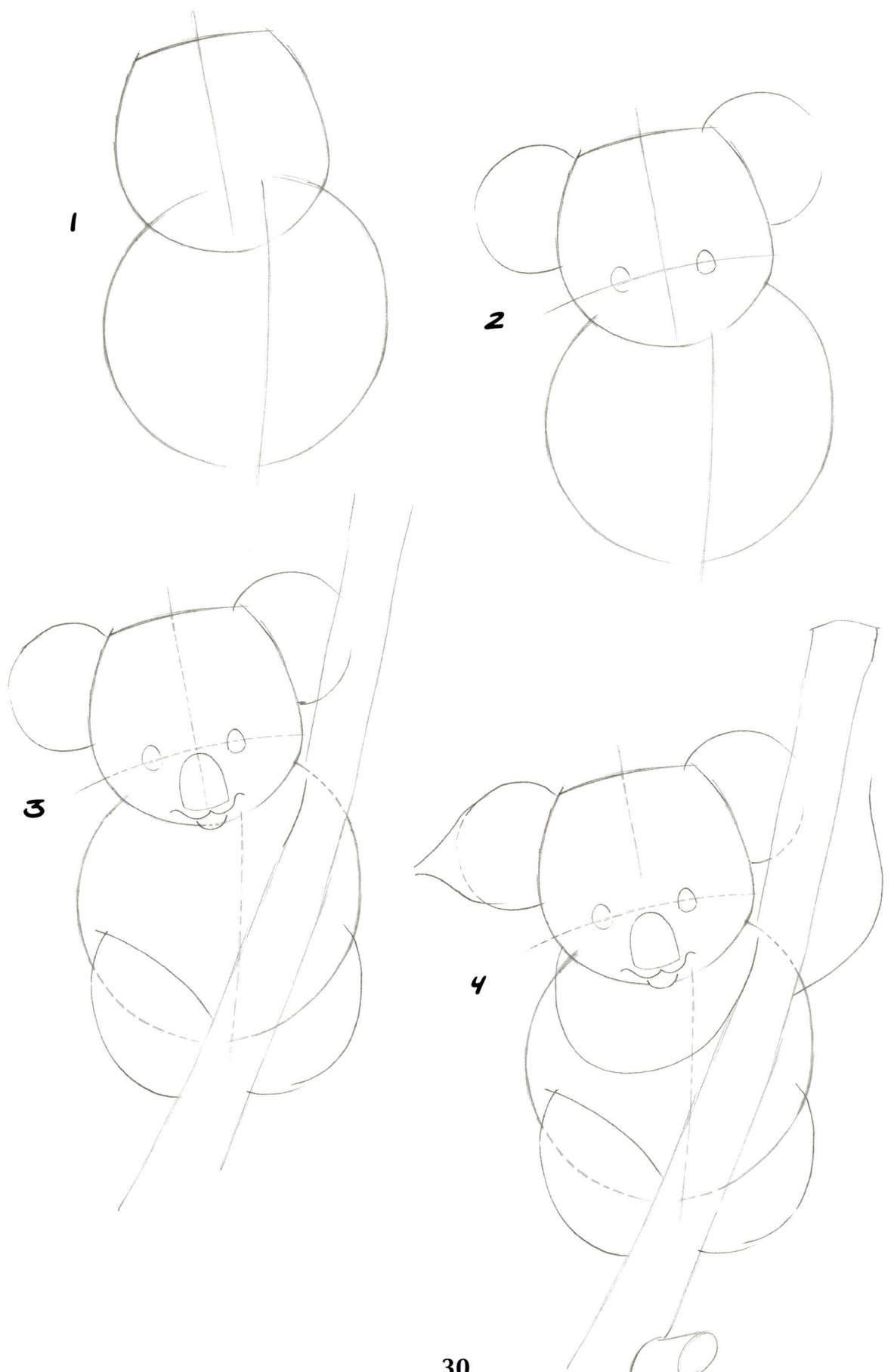

1

2

3

4

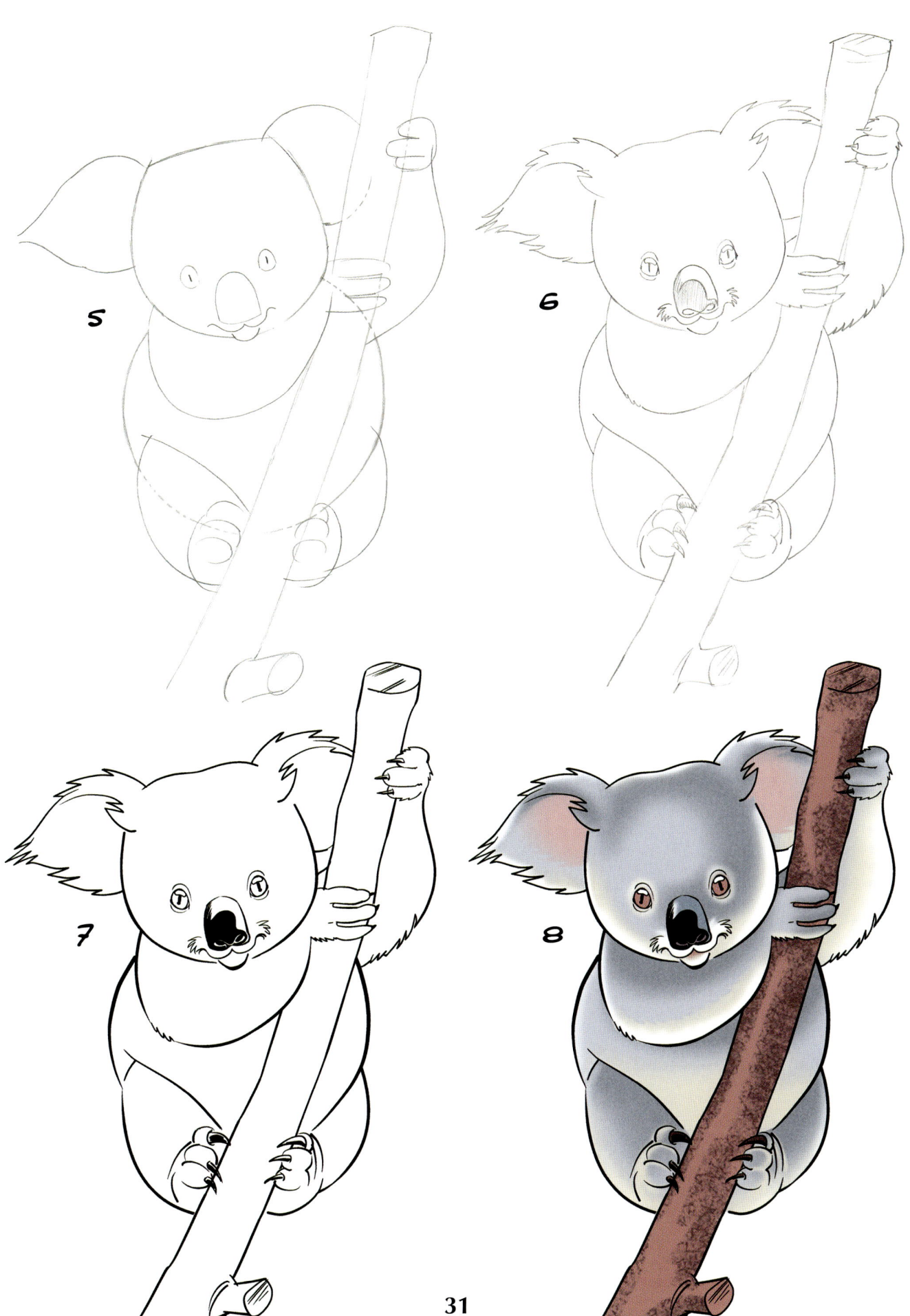

BEBÉ PANDA

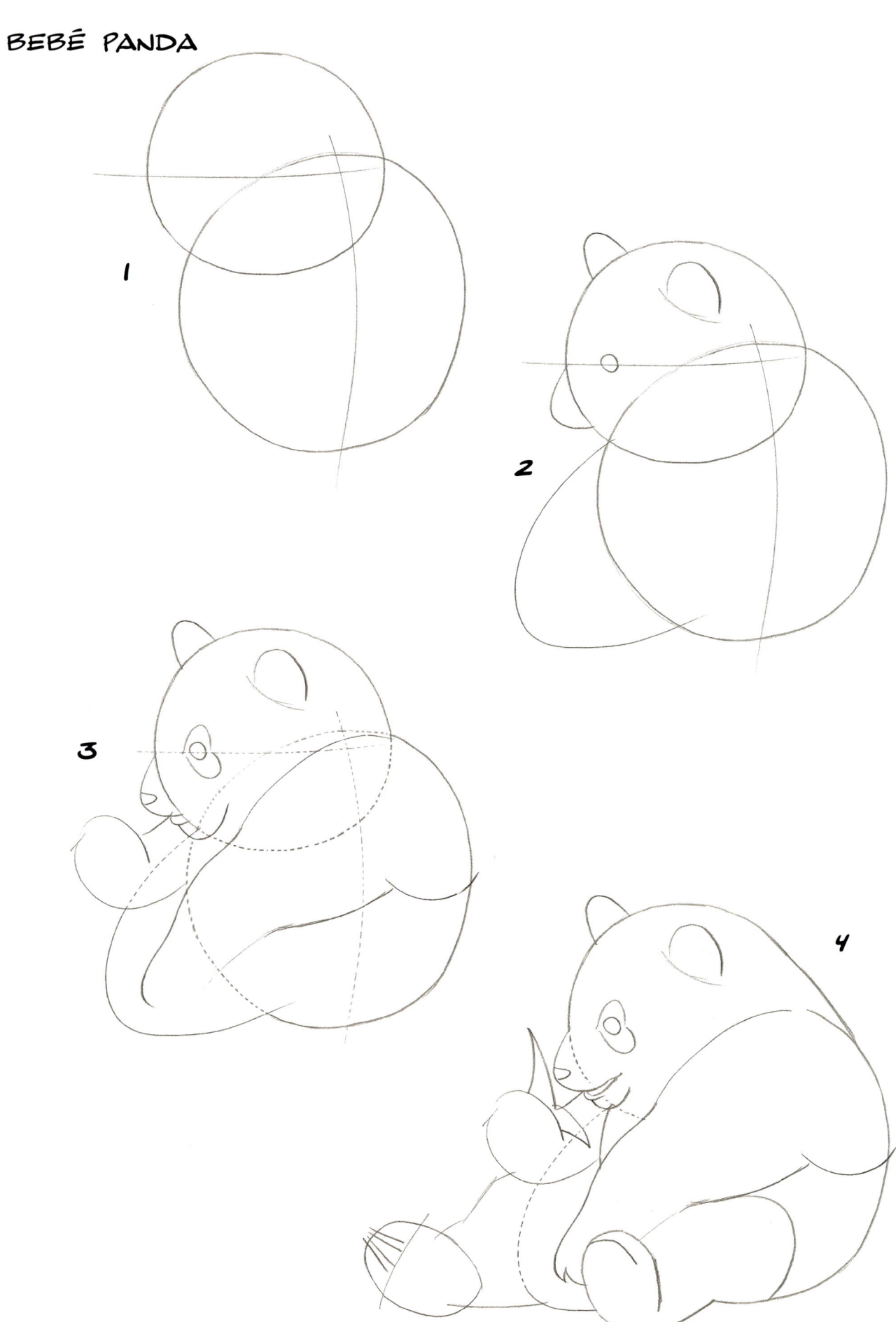

1

2

3

4

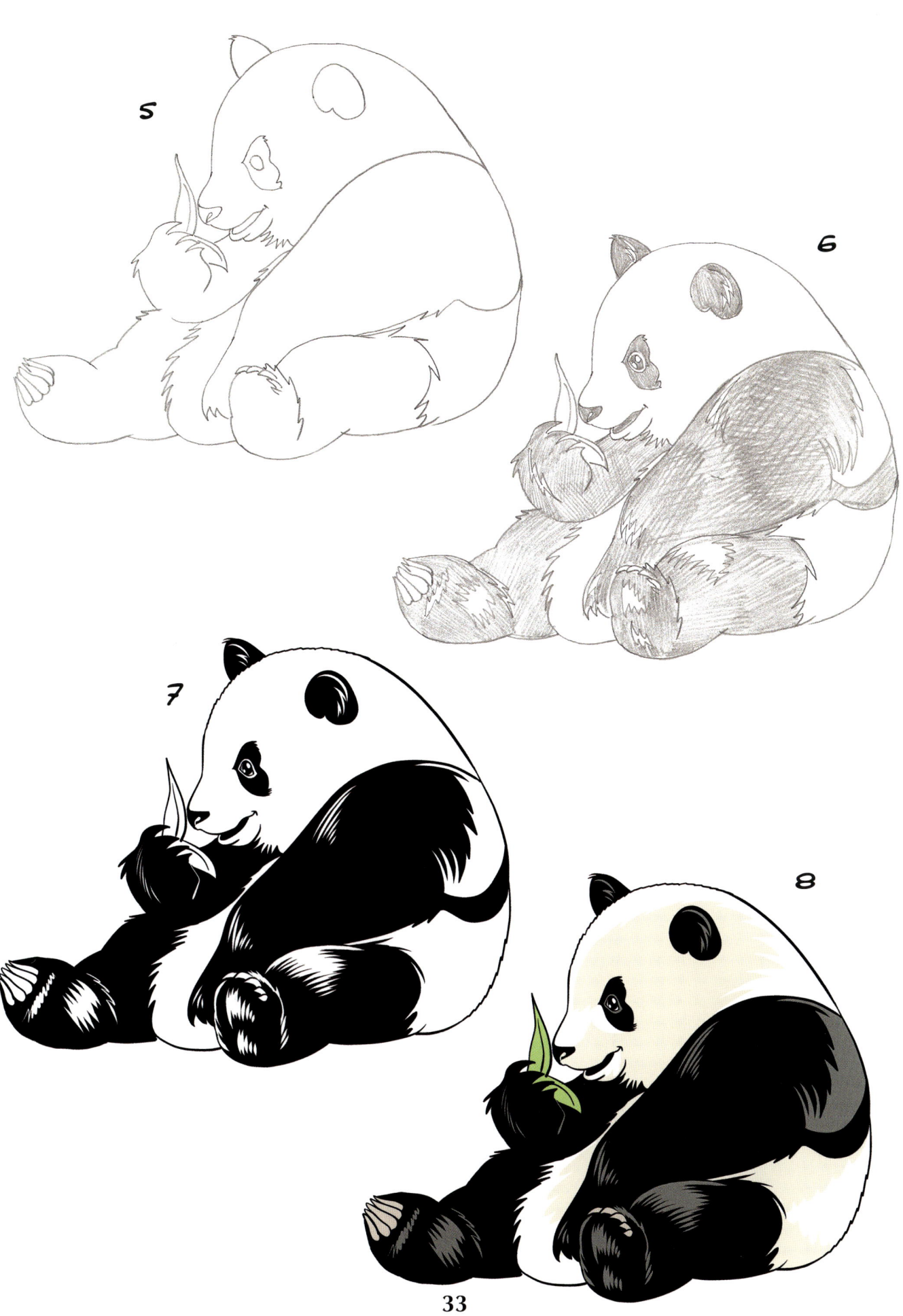

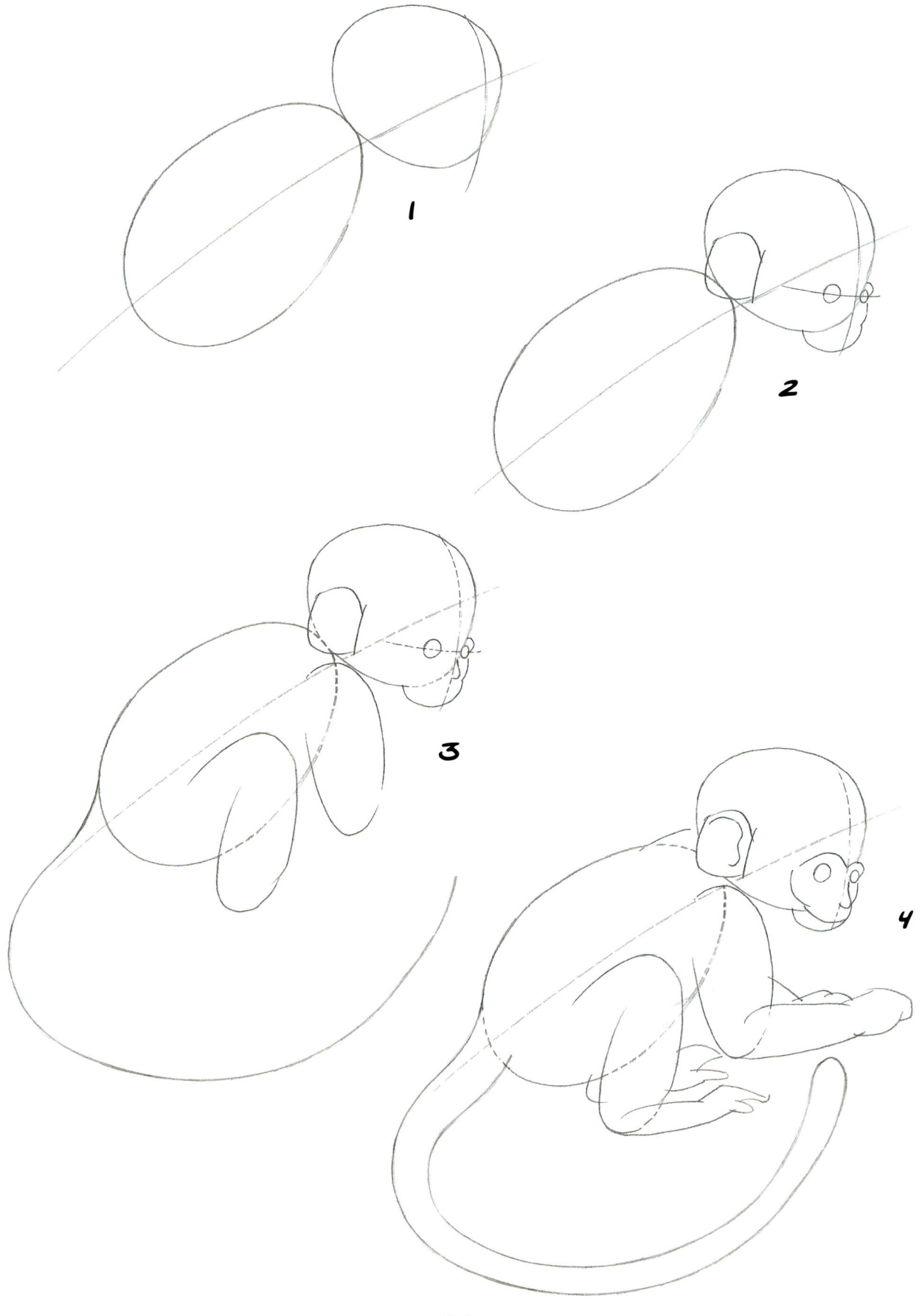

1

2

3

4

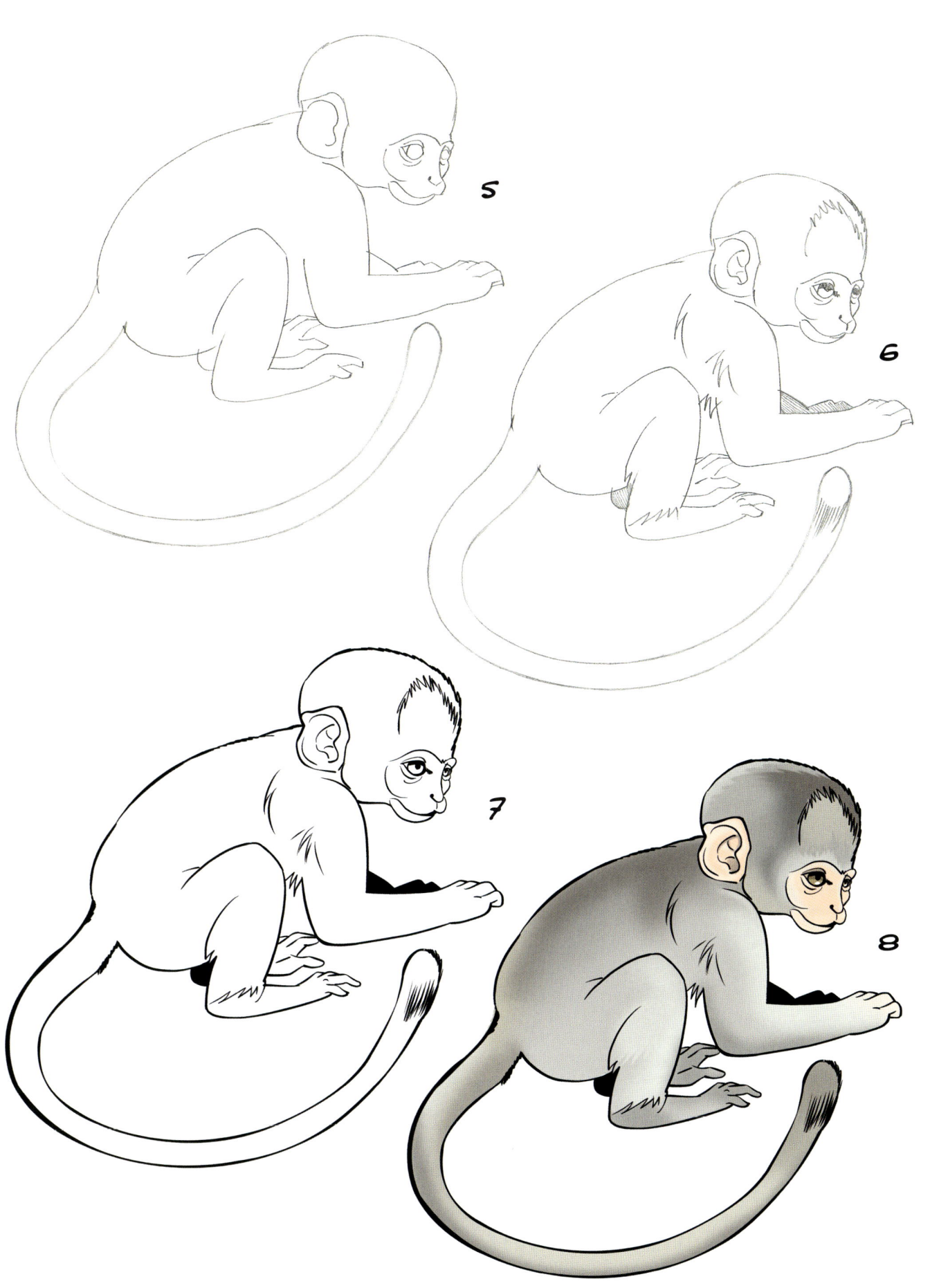

5

6

7

8

BEBÉ LEÓN

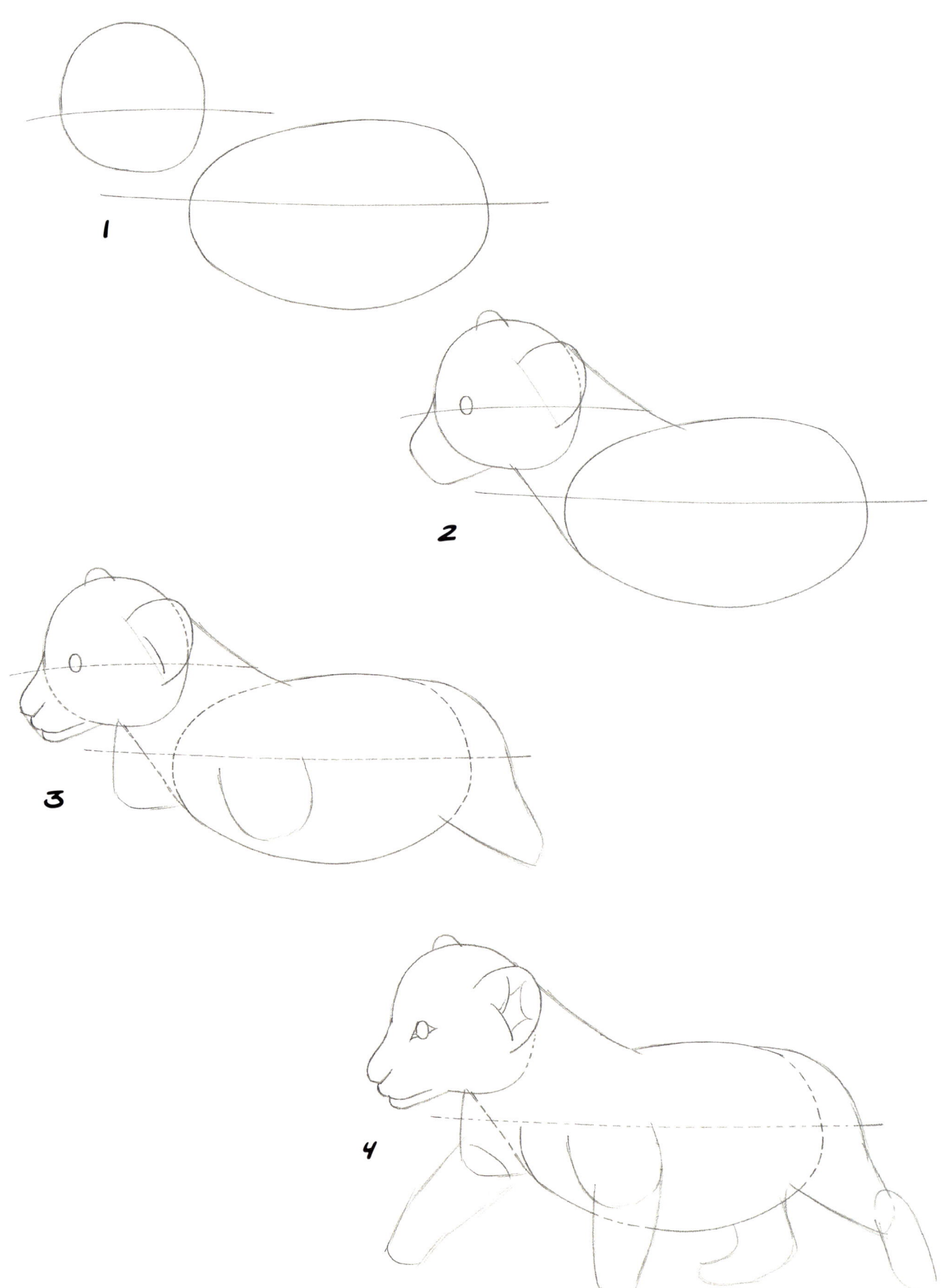

1

2

3

4

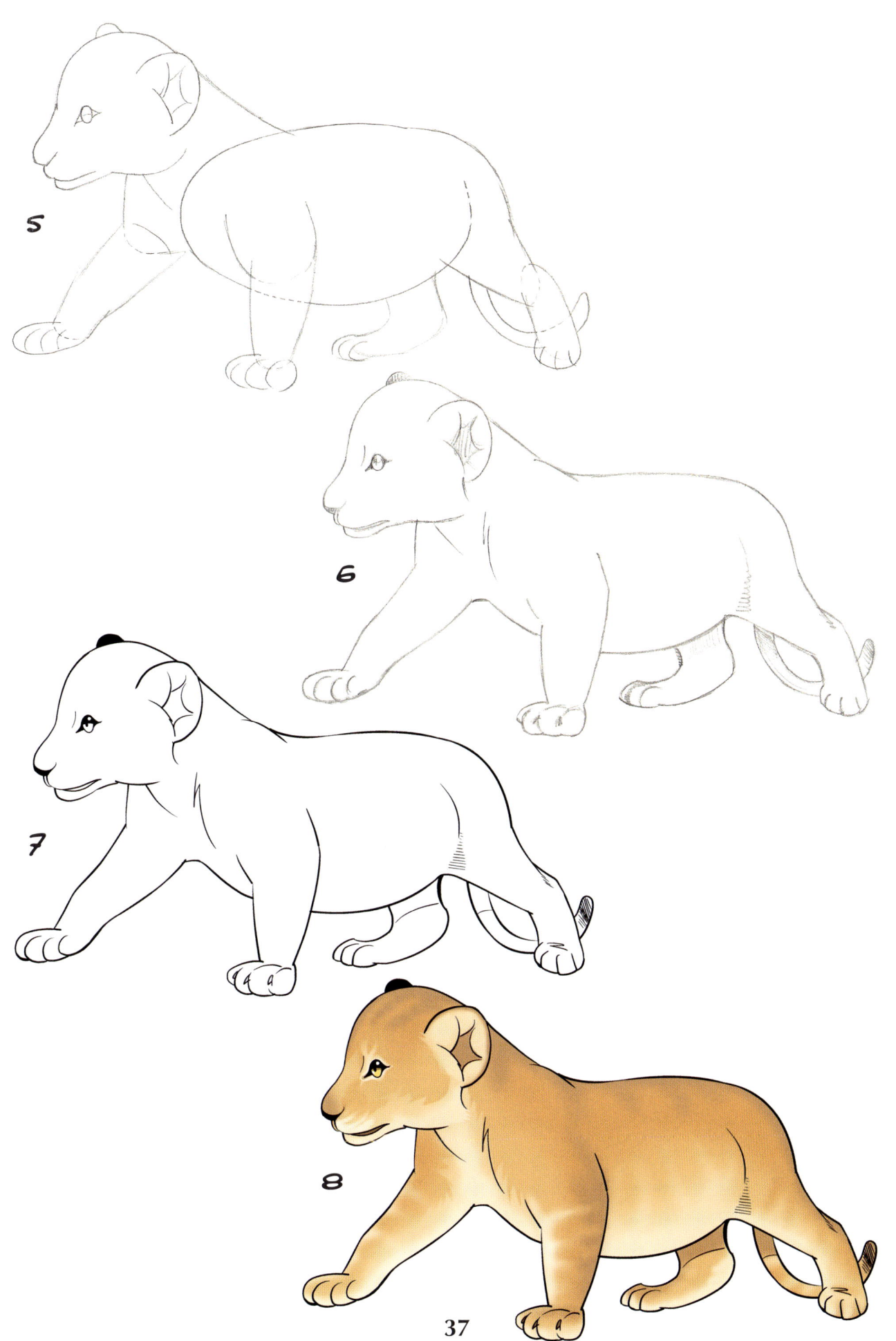

5

6

7

8

BEBÉ TIGRE

1

2

3

4

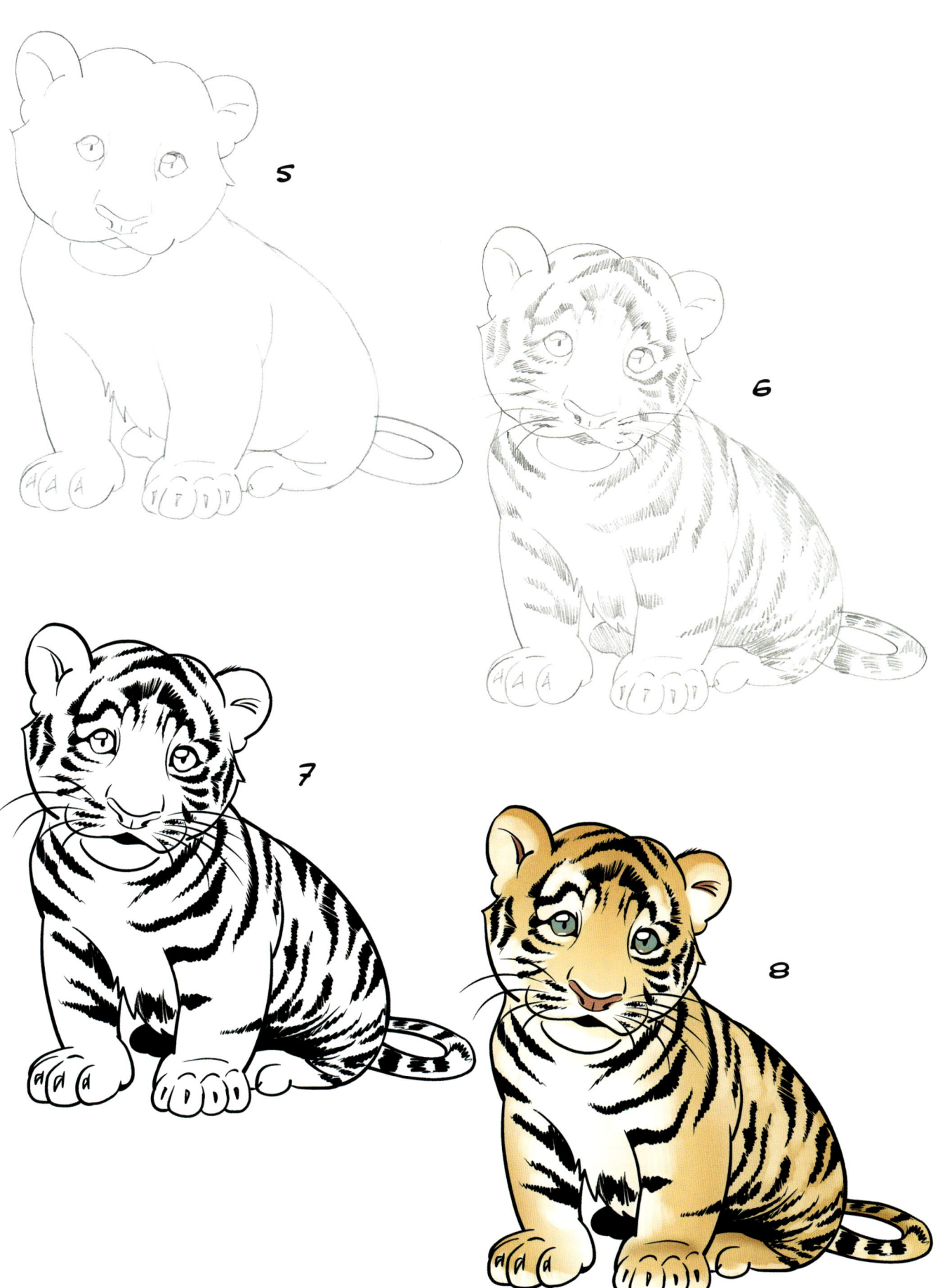

5

6

7

8

ZORRITO

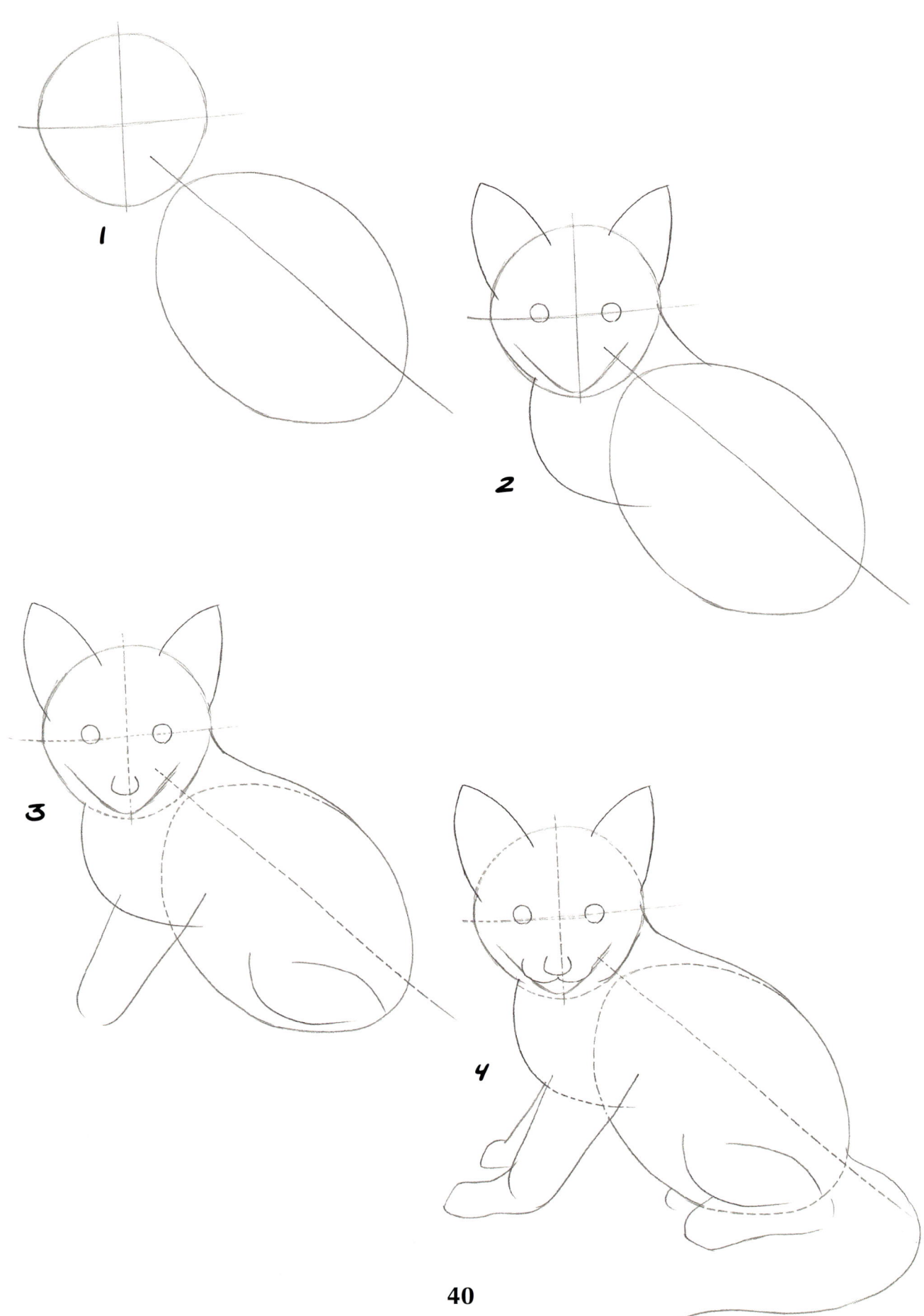

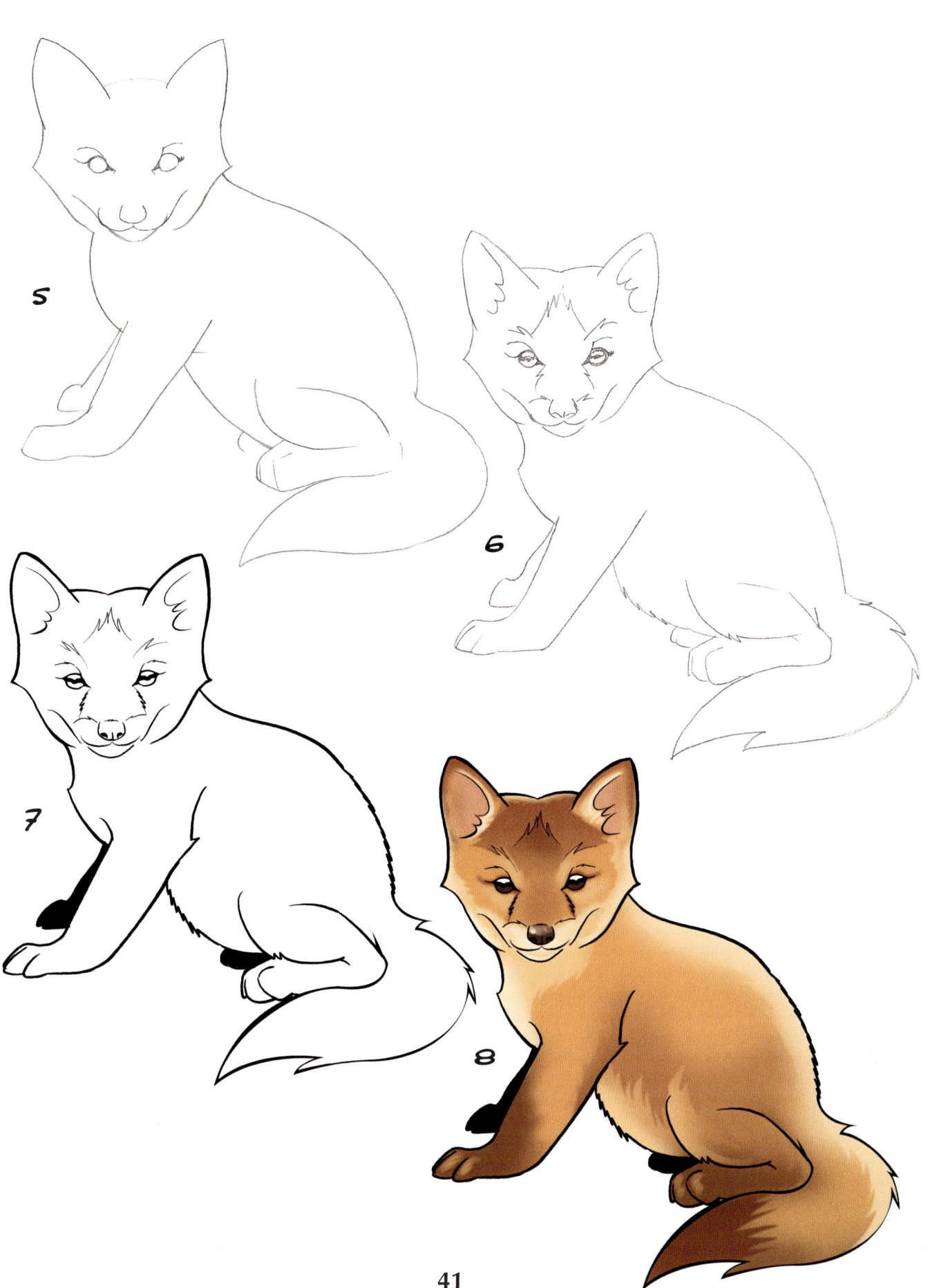

5

6

7

8

BEBÉ PINGÜINO

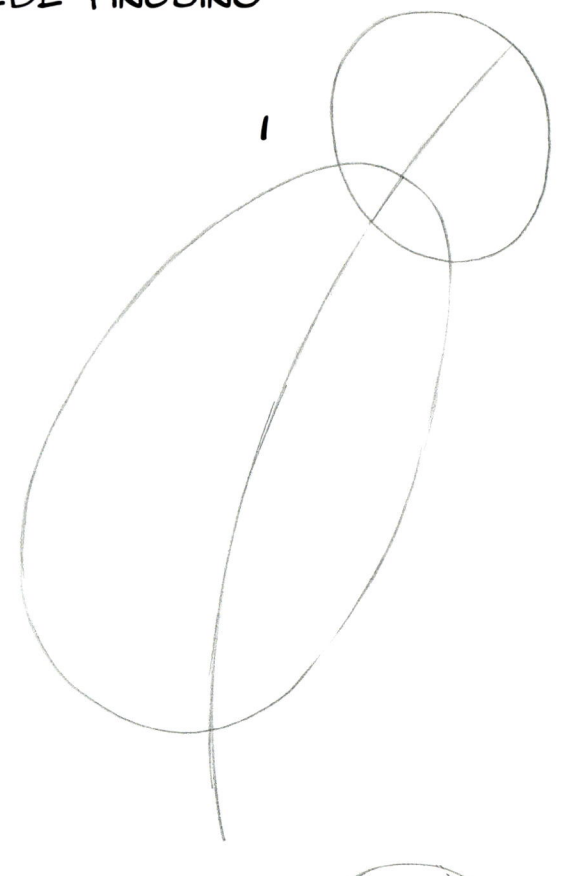

1

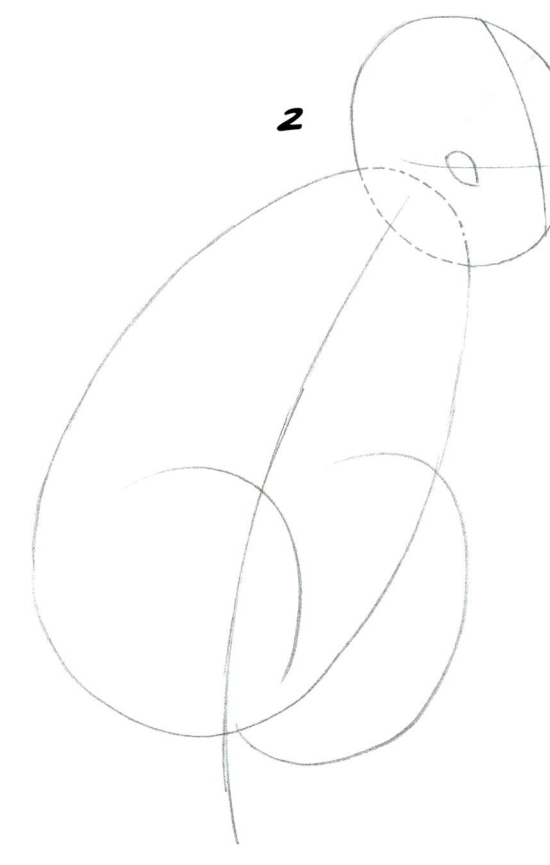

2

3

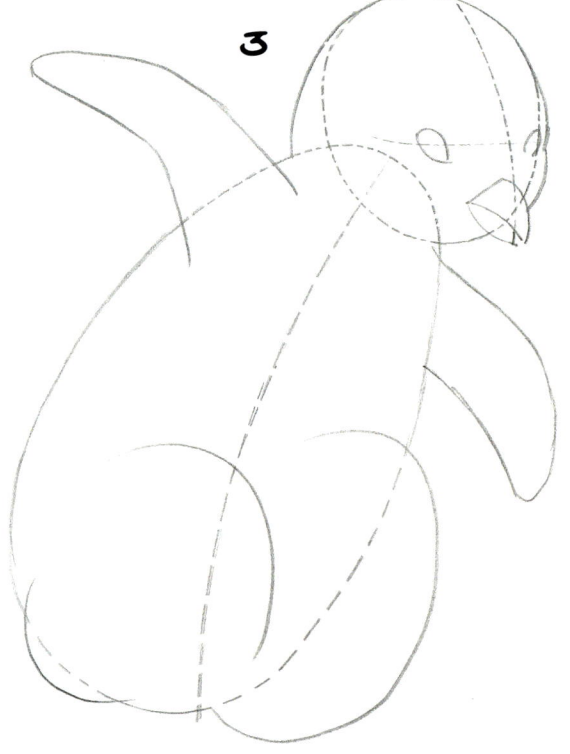

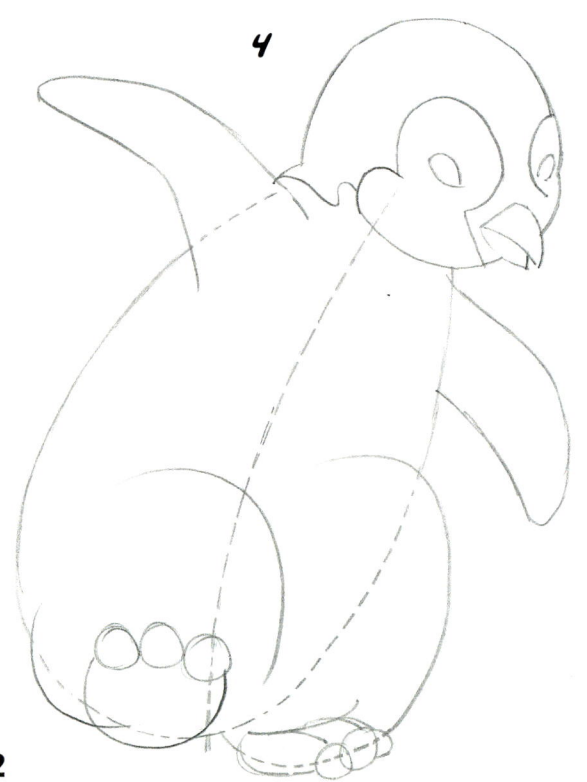

4

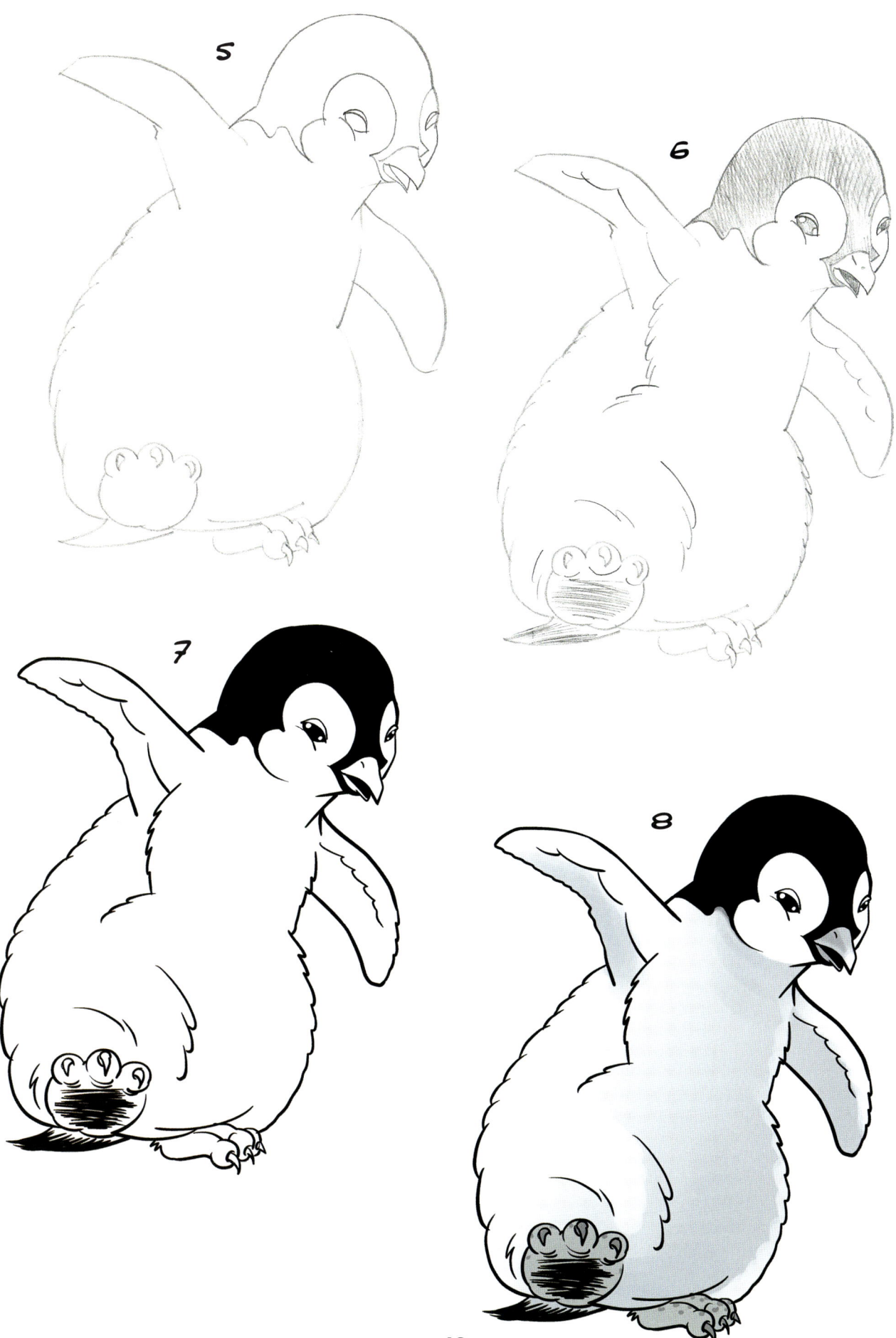

BEBÉ FOCA

1

2

3

4

44

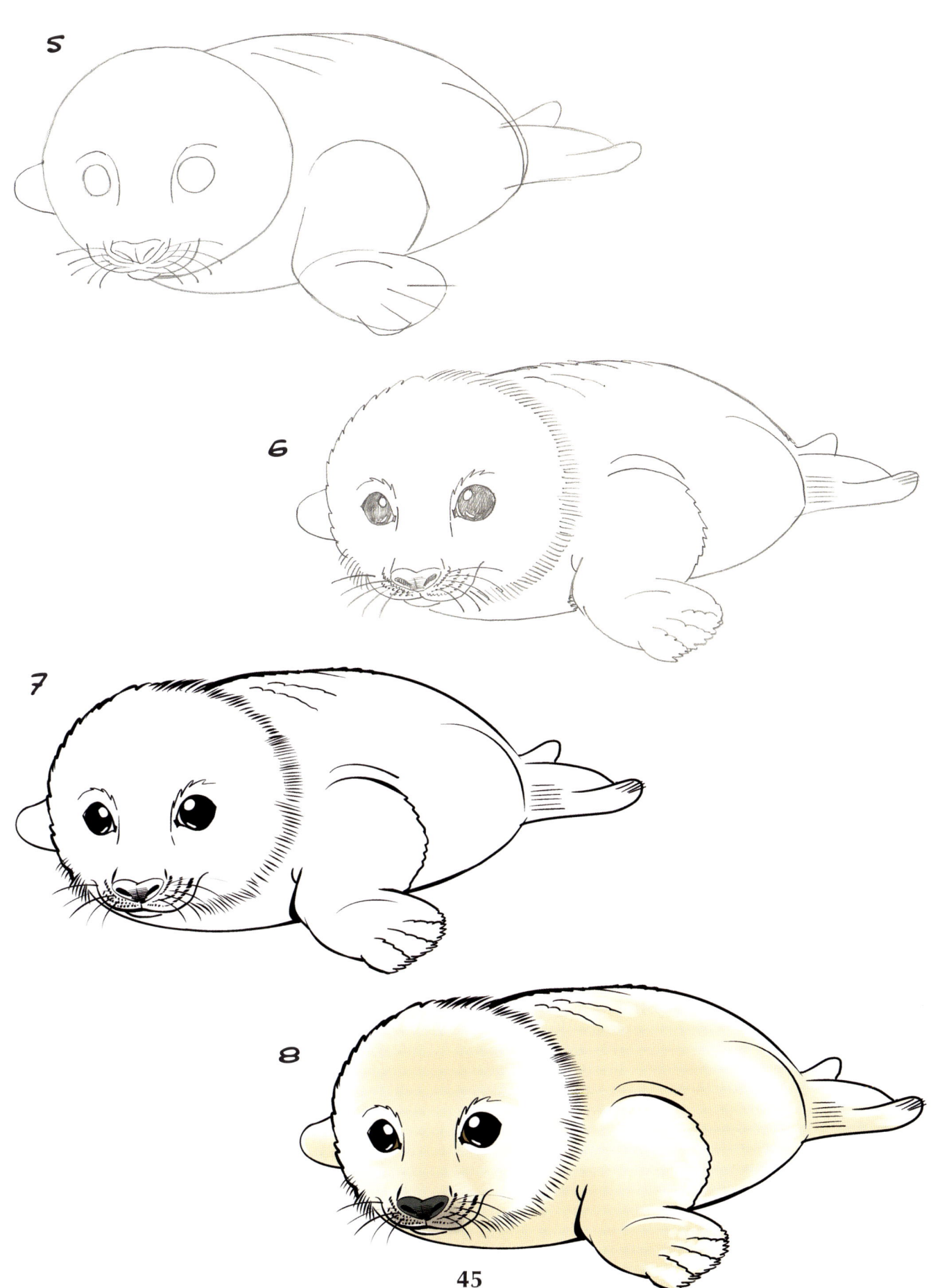

5

6

7

8

45

TORTUGUITA

1

2

3

4

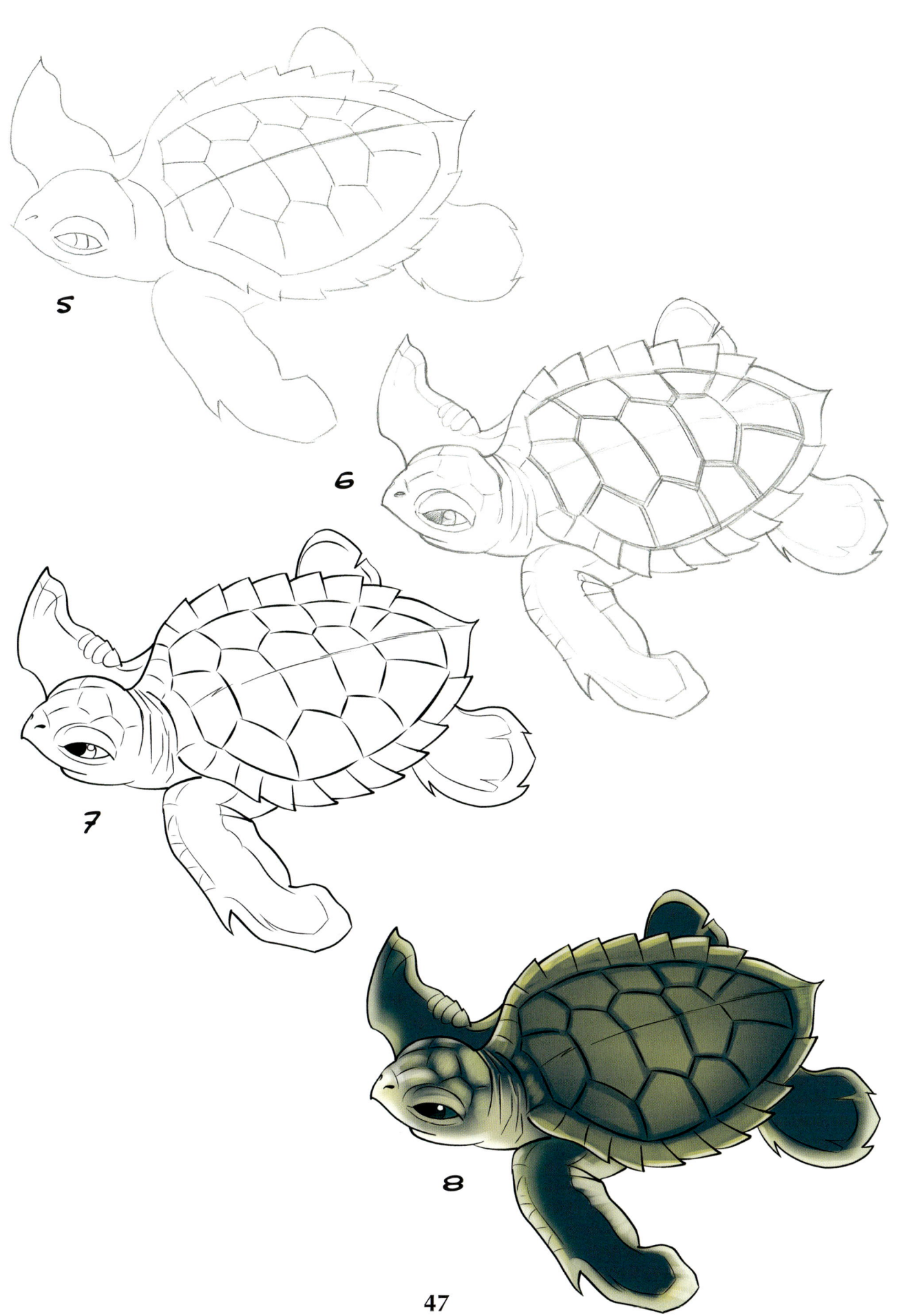

5

6

7

8

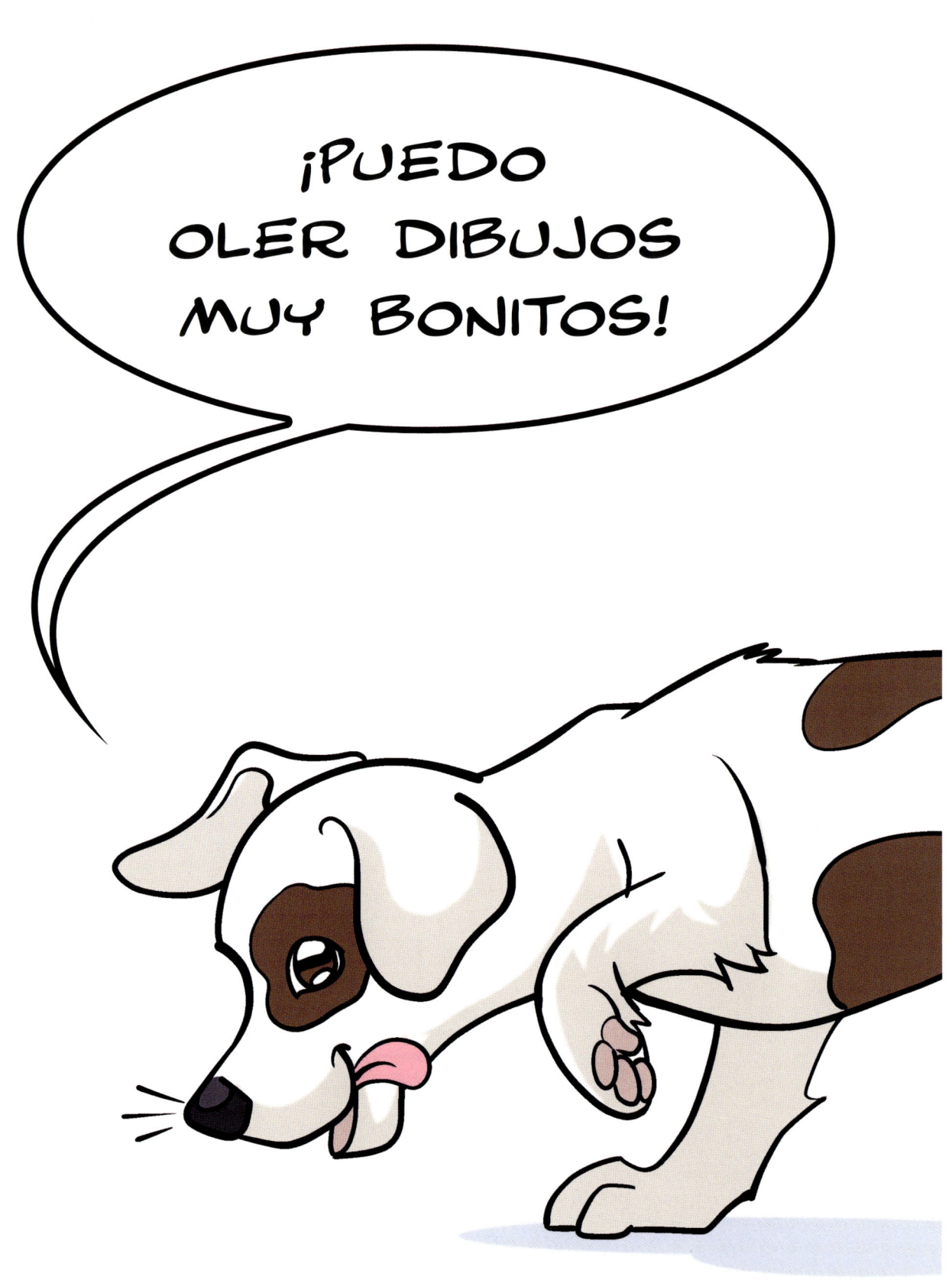